AF537221

Rosa Luxemburg

Mensch sein ist vor allem die Hauptsache

Rosa Luxemburg (1871–1919)

ROSA LUXEMBURG

Mensch sein ist vor allem die Hauptsache

Gedanken einer Revolutionärin

Herausgegeben von Bruno Kern

marixklassiker

Für Eva Gottschaldt –
stellvertretend für alle mutigen Frauen

Inhalt

Die Märtyrerin der Menschlichkeit

Um wie viel ärmer wäre die politische Geschichte Deutschlands, die Geschichte der Sozialdemokratie und die Geschichte der sozialistischen Bewegung insgesamt ohne diese Frau! Als Theoretikerin hat sie die Marx'sche Analyse der kapitalistischen Ökonomie entscheidend vertieft und vorangetrieben. Im Gegensatz zu den ermüdenden Wiederholungen der Dogmatiker hat sie nach Lösungen gesucht, hat sie die Dynamik der Ökonomie tiefer zu ergründen versucht und ist dadurch zu einer treffsicheren Analyse des globalen Kapitalismus ihrer Zeit gelangt. Mit klarem Blick hat sie die »Urkatastrophe des 20. Jahrhunderts«, den Ersten Weltkrieg, vor dem ökonomischen Hintergrund der Konkurrenz der kapitalistischen Staaten um Einflusssphären weltweit untersucht. Wegweisend war sie aber auch darin, wie sie die gesellschaftliche Transformation zu denken versucht hat, wie sie konkrete Reformpolitik mit der Perspektive der Überwindung des Kapitalismus selbst verbunden hat, wie sie das Zusammenspiel der spontanen Bewegung der Massen mit der orientierenden Rolle der Sozialdemokratie dachte … Was bis heute als Erbe Luxemburgs dringend anzueignen wäre, sind ihr kompromissloses Festhalten an Demokratie auch in den schwierigsten historischen Umständen, ihre konsequente Abwehr allen politischen Avantgardismus, ihr entschlossener

Kampf gegen den Militarismus und ihr Eintreten für Gewaltlosigkeit im Ringen um eine neue Gesellschaft. Sie erkannte im Verlauf der Geschichte eine zunehmende Zivilisierung der revolutionären Kämpfe, und bei allen Widersprüchen, die auch ihre Person und ihr Engagement aufweisen, sind dies orientierende Impulse für heute.

Luxemburg wurde im Jahr 1871 in der kleinen Provinzstadt Zamość, im damals unter russischer Herrschaft stehenden Teil Polens, als Tochter eines jüdischen Kaufmanns (Holzhändlers) geboren.[1] Bald schon sollte die Familie aber in die Hauptstadt Warschau übersiedeln. Von Kindheit an hat Luxemburg in dieser emanzipierten, weltläufigen Familie am weiten geistigen Horizont der bürgerlich-jüdischen Intelligenz teilgenommen. Die äußerst begabte Schülerin – aufgrund einer Läsion der Hüfte seit frühen Kindertagen leicht gehbehindert – politisiert sich noch in ihren Gymnasialjahren, sicherlich auch unter dem Eindruck der zaristischen Herrschaft. Sie schloss sich der sozialistisch-revolutionären Partei »Proletariat« an, die damals von Marcin Kasprzak geführt wurde. Bald schon war sie zur Flucht aus Russisch-Polen gezwungen. Auf abenteuerliche Weise wurde die erst Siebzehnjährige in einem Heuwagen versteckt über die Grenze nach Deutschland geschmuggelt. Sie gelangte schließlich nach Zürich, wo im Gegensatz zu anderen europäischen Städten auch Frauen ein Universitätsstudium absolvieren durften. Sie schrieb sich zunächst ins Fach Zoologie ein, um bald darauf zur Nationalökonomie zu wechseln. Mit einer brillanten Arbeit über die Industrialisierung Polens wurde sie schließlich promoviert. Ihr Doktorvater, der österreichische bürgerliche Ökonom Julius Wolf, war ein entschiedener Gegner von

1 Die beste, ausführlichste Biografie Luxemburgs bietet Laschitza 1996.

Karl Marx und bezeichnete die Marxistin Luxemburg dennoch als seine begabteste Schülerin. Die Theoretikerin ist aber schon damals zugleich auch politische Aktivistin. In Zürich knüpft sie bereits die ersten Kontakte zur deutschen Sozialdemokratie, namentlich zur einflussreichsten Gestalt des »marxistischen Zentrums«: Karl Kautsky. Sie bezieht Stellung gegen die nationalistischen Bestrebungen der Polnischen Sozialistischen Partei (PPS) und lernt nicht zuletzt den jungen, aus Wilna geflohenen Sozialisten Leo Jogiches kennen. Er sollte ihr langjähriger Lebenspartner und politischer Kampfgefährte werden. Zusammen stellen sie zunächst die in Paris erscheinende polnische Zeitschrift *Sprawa Robotnicza* (»Sache der Arbeiter«) auf die Beine. Sie wird auch zum Kristallisationspunkt einer zunächst kleinen politischen Formation, der SDKP (Sozialdemokratie des Königreichs Polen). Rosa Luxemburg entschließt sich dann bewusst für das Engagement in der deutschen Sozialdemokratie, der stärksten und wichtigsten Sektion der Zweiten Internationale. Eine Scheinehe mit Gustav Lübeck ermöglicht ihr den Aufenthalt in Deutschland. Sie sollte innerhalb der Partei bald zum Hecht im Karpfenteich werden. Ihre Herkunft prädestiniert sie zunächst für die Aufgabe, die polnischen Arbeiter in Oberschlesien für die SPD zu gewinnen. Bald schon ist sie Parteitagsdelegierte und macht sich als brillante Rednerin und als theoretische Wortführerin der deutschen Marxisten einen Namen. Zum ersten Mal profiliert sie sich im sogenannten Revisionismusstreit, in dem sie Stellung gegen Eduard Bernsteins reformistischen Politikansatz bezieht (s. unten, S. 23 ff.). Kurzzeitig wird sie Chefredakteurin der *Sächsischen Arbeiter-Zeitung* und dann zusammen mit Franz Mehring der *Leipziger Volkszeitung*. Mit einer fulminanten Attacke gegen Lenin, die in ihrer ganzen prophetischen Überzeugungskraft erst nach der Oktoberrevolution von 1917 erkannt werden konnte, begründet Luxemburg ihre politische Bedeutung bis heute. Im Parteiorgan der russischen Sozialdemokratie, *Iskra* (»Der Funke«), publiziert sie im Jahr 1904 eine scharfe Kritik am zentralistischen Organisationsprinzip der Bolschewiki (s. S. 119 ff.). Im selben Jahr erfolgt ihre erste Verurteilung zur Gefängnishaft: Eine angebliche Beleidigung Kaiser Wilhelms trägt ihr drei Monate Haft ein. Ihr journalistisches Wirken kann sie vorübergehend als Mitarbeiterin der Redaktion des *Vorwärts*, des Zentralorgans der deutschen Sozialdemokratie, entfalten. Nach dem Ausbruch der ersten russischen Revolution im Jahr 1905 wird sie bei einem illegalen Aufenthalt in Warschau zusammen mit Leo Jogiches verhaftet und kommt erst nach Stellung einer Kaution frei.

Einen äußerst fruchtbaren Abschnitt ihres Wirkens stellt ihre Tätigkeit als Dozentin für Ökonomie an der Berliner Parteischule dar, einer Kaderschmiede sozialdemokratischer Agitatoren und Redakteure. Etliche ihrer Schülerinnen und Schüler berichten begeistert davon, wie es Luxemburg verstand, sie zum eigenen Denken anzuregen. Stellvertretend sei hier nur Rosi Wolfstein zitiert:

»Wie sie uns zur eigenen Auseinandersetzung, zur Selbstverständigung mit den nationalökonomischen Fragen zwang? Durch Fragen! Durch Fragen und immer erneutes Fragen und Forschen holte sie aus der Klasse heraus, was nur an Erkenntnis über das, was es festzustellen galt, in ihr steckte. Durch Fragen beklopfte sie die Antwort und ließ uns selbst hören, wo und wie sehr es hohl klang, durch Fragen tastete sie die Argumente ab und ließ uns selbst sehen, ob sie schief oder gerade waren, durch Fragen zwang sie über die Erkenntnis des eigenen Irrtums hin zum eigenen Finden einer hieb- und stichfesten Lösung. Und dies tat sie von der ersten Stunde an, wo sie noch fremdem Menschenmaterial gegenüberstand wie wir neuem Wissensgebiet. Von der ersten Stunde an begann sie uns zu *quälen* – wie sie selbst scherzend sagte: *Was ist Nationalökonomie?* Volkswirtschaftslehre! *Gibt es eine Volkswirtschaft überhaupt? Ja? Worin besteht sie?* Und, nachdem die Erklärung naturgemäß scheiterte: Also was gibt es dann? Eine Weltwirtschaft. *Ist Nationalökonomie Weltwirtschaftslehre? Hat es immer Weltwirtschaft gegeben? Was gab es vorher?* usw. usw. bis zur letzten Stunde, wo sie uns entließ mit der eindringlichen Mahnung, nichts ohne Nachprüfung anzunehmen, alles immer erneut nachzuprüfen, *mit allen Problemen Fangball zu spielen, das ist's, was sein muss.*« (zitiert nach Hirsch 1969, 72)

Ein stärkerer Kontrast zwischen dieser Lehrmethode und den späteren »Schulungen« orthodox-marxistischer Formationen bis heute ist kaum denkbar. Die Beschäftigung mit der Ökonomie im Rahmen ihrer Lehrtätigkeit mündete schließlich in ihrem theoretischen, mehr als vierhundert Seiten umfassenden Hauptwerk *Die Akkumulation des Kapitals* (s. S. 52 ff.). Ausgangspunkt ist für sie ein Problem, an dem Marx selbst gescheitert war und das er am Ende des zweiten Bandes des *Kapital* nicht befriedigend zu lösen vermochte, nämlich die Frage, woher die Nachfrage letztlich kommt, die das akkumulierte Kapital, den zweiten Zyklus der Kapitalverwertung, finanzieren könne. Luxemburg zeigt scharfsinnig auf, dass diese Nachfrage nicht der Sphäre des Kapitalismus selbst entspringen kann, sondern dass die kapitalistische Ökonomie mit innerer Notwendigkeit auf Bereiche angewiesen ist, die von ihr noch nicht restlos durchdrungen sind. Das wird ihr zum Ausgangspunkt ihrer Imperialismustheorie. Sie selbst formuliert im Vorwort ihren Anspruch, ökonomische Theorie in praktischer, politischer Absicht zu entwickeln:

»Als ich im Januar dieses Jahres, nach der Reichstagswahl, wieder einmal daranging, jene Popularisation der Marx'schen ökonomischen Lehre wenigstens im Grundriss zum Abschluss zu bringen, bin ich auf eine unerwartete Schwierigkeit gestoßen. Es wollte mir nicht gelingen, den Gesamtprozess der kapitalistischen Produktion in ihren konkreten Beziehungen sowie ihre objektive geschichtliche Schranke mit genügender Klarheit darzustellen. Bei näherem Zusehen kam ich zu der Ansicht, dass hier nicht bloß eine Frage der Darstellung, sondern auch ein Problem vorliegt, das theoretisch mit dem Inhalt des zweiten Bandes des Marx'schen ›Kapitals‹ in Zusammenhang steht und zugleich in die Praxis der heutigen imperialistischen Politik wie deren ökonomische Wurzeln eingreift. Sollte mir der Versuch gelungen sein, dieses Problem wissenschaftlich exakt zu fassen, dann dürfte die Arbeit außer einem rein theoretischen Interesse, wie mir scheint, auch einige Bedeutung für unseren praktischen Kampf mit dem Imperialismus haben.« (GW 5, 7)

Luxemburgs Imperialismustheorie löste eine heftige Debatte aus und stieß unter ihren Parteifreunden hauptsächlich auf Ablehnung. Die als Reaktion auf den Streit von ihr verfasste *Antikritik* (s. S. 67 ff.) erschien allerdings erst zwei Jahre nach ihrem Tod. Am Ende dieser brillanten Schrift, die sie selber für noch klarer hielt als jenes Werk, das den Streit ausgelöst hatte, formuliert sie sehr prägnant ihr eigenes Verständnis als »undogmatische« Marxistin:

»Wehleidige Gemüter werden wieder beklagen, dass ›Marxisten untereinander streiten‹, dass bewährte ›Autoritäten‹ angefochten werden. Aber Marxismus ist nicht ein Dutzend Personen, die einander das Recht der ›Sachverständigkeit‹ ausstellen und vor denen die Masse der gläubigen Moslems in blindem Vertrauen zu ersterben hat. Marxismus ist eine revolutionäre Weltanschauung, die stets nach neuen Erkenntnissen ringen muss, die nichts so verabscheut wie das Erstarren in einmal gültigen Formen, die am besten im geistigen Waffengeklirr der Selbstkritik und im geschichtlichen Blitz und Donner ihre lebendige Kraft bewährt.« (GW 5, 523)

Eng mit ihrer ökonomischen Analyse des Imperialismus hing ihr kompromissloser Antimilitarismus zusammen. Auf allen Ebenen, innerhalb der Zweiten Internationale und innerhalb der deutschen Sozialdemokratie, focht sie für eine klare Positionierung und eine entsprechende Orientierung der Arbeitermassen. Schon im Jahr 1900 hatte sie auf dem Pariser Kongress der Zweiten Internationale prophezeit, dass der Zusammenbruch der kapitalistischen Ökonomie »durch eine durch die Weltpolitik herbeigeführte Krisis« erfolgen werde. Insbesondere auf den Kongressen 1907 in Stuttgart und 1911 in Basel versuchte sie eine kompromisslose antimilitaristische Linie durchzusetzen. Der Kriegsausbruch und vor allem die »patriotische« Haltung der SPD – abgesehen von einer kleinen Schar Kriegsgegner, zu der auch der Reichstagsabgeordnete Karl Liebknecht gehörte, der als Einziger seiner Fraktion die Zustimmung zu den Kriegskrediten verweigerte – lösten bei der Humanistin und Kriegsgegnerin schiere Verzweiflung aus. Zeitweilig trug sie sich sogar mit Selbstmordgedanken bzw. mit dem Plan eines demonstrativen Suizids aus Protest gegen den Krieg.

Luxemburg selbst verbrachte den Krieg zum Großteil im Gefängnis. Zunächst hatte sie eine Haftstrafe anzutreten, zu der sie bereits im Februar 1914 wegen »Aufhetzung von Soldaten zum Ungehorsam« verurteilt worden war, dann wurde sie erneut in »Sicherheitshaft« genommen. Aus der Haft heraus – aus dem Berliner Weibergefängnis, der Festung Wronke in der Provinz Posen und dem Breslauer Gefängnis – führte Luxemburg ihren Kampf weiter. Noch im Februar 1916 konnte ihre Analyse der Kriegsursachen und der Politik der SPD unter dem Pseudonym »Junius« erscheinen (vgl. unten S. 101 ff.). Sie wurde ihre wahrscheinlich wirksamste Schrift und ist noch heute eine hervorragende Quelle für das Verständnis der Ereignisse. Helmut Hirsch fasst die Bedeutung dieser Broschüre folgendermaßen zusammen:

»… mit ihrer Anwendung der von Marx und Engels entwickelten historisch-materialistischen Methode verstand sie auf knapp 100 Seiten den Gang der Entwicklung mithilfe einer sozialökonomischen und politischen Analyse treffend zu schildern und vorherzubestimmen. Sie zerstörte – nur acht Monate nach Kriegsbeginn – die beiderseitigen Legenden vom Verteidigungskrieg und entlarvte deutscherseits die Beherrschung der Türkei als das uneingestandene Ziel eines imperialistischen Angriffskriegs.« (Hirsch 1969, 105).

Nebenbei sei bemerkt, dass es der stilistisch außerordentlich begabten Rosa Luxemburg meisterhaft gelang, literarisch die Atmosphäre jener Tage einzufangen.

Aus dem Gefängnis heraus setzt sich Luxemburg in Artikeln für die *Spartakusbriefe* in durchaus kritischer Solidarität mit der russischen Revolution der Bolschewiki auseinander. Ihre Positionen werden schließlich in ihre erst posthum veröffentlichte Schrift *Zur russischen Revolution* (s. unten S. 121 ff.) münden. Die darin vorgenommene Verhältnisbestimmung zwischen Sozialismus und Demokratie ist gerade im Rückblick auf die spätere totalitäre Entwicklung in ihrer Klarsichtigkeit nicht genug zu bewundern. Und sie setzt einen unverrückbaren Maßstab: Niemals darf Demokratie zur Disposition stehen. Der Sozialismus erweist sich gerade darin als die überlegene Gesellschaftsordnung, dass sich erst auf seiner Grundlage die demokratische Selbstbestimmung der Menschen entfalten kann.

Am 9. November 1918, an dem Tag also, als Philipp Scheidemann die deutsche Republik ausruft – nur um der Ausrufung der »freien sozialistischen Republik Deutschland« durch Karl Liebknecht zuvorzukommen –, wird Luxemburg endlich aus der Haft entlassen und verzehrt sich bald im revolutionären Kampf dieser Tage. Aus der Spartakusgruppe, der kleinen Minderheit von Kriegsgegnern unter den Sozialdemokraten, wird nun der Spartakusbund. Luxemburg versucht unermüdlich, mithilfe des Zentralorgans *Die rote Fahne* die Aufstandsbewegung journalistisch zu begleiten und zu orientieren. Allerdings werden in diesen Revolutionstagen auch die ganze Tragik ihrer Persönlichkeit und die Widersprüchlichkeit so mancher ihrer politischen Positionen offenbar. Angesichts eines aufgrund des ungleichen Kräfteverhältnisses aussichtslosen Kampfes lehnt Luxemburg den Spartakusaufstand, der die alte Ordnung mitsamt ihrer ökonomischen Basis stürzen will, eigentlich ab, meint aber dennoch, hinter die Position der Massen nicht zurückfallen zu dürfen und sich ihnen gegenüber loyal verhalten zu müssen. Von Anfang ihres politischen Wirkens an hatte sie ja den Massen der Arbeiter selbst, ihrem spontanen Agieren und ihrem Instinkt ein unverbrüchliches Vertrauen entgegengebracht. Ihr Eintreten für unbedingte Gewaltlosigkeit in ihrer Schrift *Was will der Spartakusbund?* lässt sich im Lauf der Ereignisse kaum durchhalten, und gerade angesichts ihres Glaubens an die »Zivilisierung« revolutionärer Kämpfe offenbart ihr gewaltsamer Tod die ganze Tragödie der Geschichte. Die zentralen Persönlichkeiten des Spartakusbundes bzw. der Kommunistischen Partei Deutschlands (ab 31.12.1918), darunter Karl Liebknecht und Leo Jogiches, werden liquidiert. Rosa Luxemburg wird am 15. Januar 1919 von Mitgliedern eines Freicorps mit Billigung der Regierung brutal ermordet. Über die genauen Umstände ihres Todes haben wir keine Auskünfte. Lediglich die eidesstattliche Aussage des Reichstagsabgeordneten Pieck, zugleich politischer Leiter der KPD, lässt einigermaßen erahnen, was Rosa Luxemburg vonseiten ihrer Mörder erdulden musste:

»Ich war in der Wohnung von Marcussohn gemeinsam mit Liebknecht und Rosa Luxemburg verhaftet und per Auto nach dem Edenhotel gebracht worden. Beim Betreten des Hotels waren im Vorraum eine Menge Soldaten und Offiziere. Die Offiziere beschimpften Frau Luxemburg ganz flegelhaft, etwa: ›Röschen, da kommt die alte Hure!‹ Ich erhob dagegen Protest. Da erklärte ein Offizier: ›Was will der Kerl, ist wohl ihr Kavalier, haut ihm in die Fresse!‹ Dann wurde Rosa Luxemburg die Treppe hinaufgeführt. Ich wurde daneben an einen Pfeiler gestellt. Ich sah dann, dass ein Offizier, der von anderen als Hauptmann angeredet wurde, herumlief, den Soldaten Zigaretten anbot und sagte: ›Die Bande darf nicht mehr lebend das Edenhotel verlassen!‹ Nach einer Viertelstunde erhielten zwei Soldaten den Auftrag, mich die Treppe hinaufzuführen. Ich wurde den Korridor hinaufgeführt und sah im Vorbeigehen an einer Tür das Schild ›Hauptmann Pabst‹ […] Kurze Zeit [danach] kam ein Dienstmädchen herauf, fiel einer Kollegin in die Arme und rief: ›Ich werde den Eindruck nicht los, wie man die arme Frau niedergeschlagen und herumgeschleift hat.‹« (zitiert nach Hirsch 1969, 128–129)

Erst Monate später wurde Luxemburgs Leichnam aus dem Landwehrkanal in Berlin Tiergarten geborgen. Die Totenrede bei ihrer Beisetzung hielt ihr einstiger Anwalt und Gefährte Paul Levi.

Die vorliegende kommentierte Textsammlung soll das Andenken an diese Märtyrerin der Menschlichkeit bewahren helfen. Die Texte sind so ausgewählt, dass sie einen möglichst umfassenden und repräsentativen Eindruck von Luxemburgs theoretischem Denken, von ihrer politischen Haltung und nicht zuletzt von ihrer Persönlichkeit insgesamt vermitteln. Besonders in den Auszügen aus den Briefen leuchten Facetten ihrer Person auf, ohne die wahrscheinlich auch die Leidenschaft und Kompromisslosigkeit ihres politischen Handelns nicht zu verstehen sind. Luxemburg war nicht nur eine erstklassige ökonomische Theoretikerin und ebenso kluge wie mutige politische Akteurin, sie war darüber hinaus eine profunde Kennerin der Tier- und Pflanzenwelt, legte liebevoll Herbarien an und zeigte ein ungewöhnliches Maß an Empathie für die Tiere. Ihre liebste Freizeitbeschäftigung war das Zeichnen und Malen, und auch darin war sie sehr begabt. Und sie, die fließend Deutsch, Polnisch, Russisch, Französisch und Englisch sprach, lebte aus der Literatur dieser Sprachen, war selbst als Übersetzerin tätig, und ihre eigenen Texte sind – vom Inhalt einmal ganz zu schweigen – durchaus stilistische Glanzstücke.

Die hier vorgestellte Textauswahl soll aber nicht zuletzt auch die Aktualität ihres politischen Denkens aufzeigen. Die kompromisslose Humanistin ließ keine Relativierung von Demokratie und Menschenrechten gelten, gerade dann, wenn es darum ging, eine Gesellschaftsordnung zu überwinden, die jeder Humanität diametral entgegenstand. Jede Form von Gewalt verabscheute sie, gerade dann, wenn es um die Überwindung einer Gesellschaftsordnung ging, die zwangsläufig Gewalt und Krieg aus sich heraus gebiert. Auch angesichts der Gefahr des »Rückfalls in die Barbarei« lebte und kämpfte sie aus der Zuversicht heraus, dass in der Geschichte noch eine andere Logik am Werk ist und sich letztlich durchsetzen wird: die der zunehmenden Zivilisierung und Humanisierung. Der Sozialismus, den sie anstrebte, ist jene Gesellschaftsordnung, in der der Mensch dem Menschen nicht mehr Wolf sein muss – und in der die Freiheit stets die »Freiheit des anders Denkenden« ist.

Bruno Kern

»Ede, du bist ein großer Esel …«

Revolutionäre Realpolitik

Als Rosa Luxemburg im Jahr 1898 zur deutschen Sozialdemokratie stieß, war die Partei – seit dem Erfurter Parteitag im Jahr 1891 – durchweg von einem marxistischen Selbstverständnis geprägt. Zugleich war sie innerhalb der Zweiten Internationale die stärkste und erfolgreichste nationale Organisation. Die Zahl der Mitglieder nahm stetig zu, ebenso die der Parlamentsmandate, eine reichhaltige und vielfältige Parteipresse sorgte für publizistische Präsenz und die Sozialdemokratie war zu einem bedeutenden politischen Faktor in Deutschland geworden. Diese Situation bildete den Hintergrund für jene Debatte, in der sich Rosa Luxemburg zum ersten Mal innerhalb der Partei profilieren sollte: die *Revisionismusdebatte.* Ihr Kontrahent, mit dem sie den Streit ausfocht, war der angesehene marxistische Theoretiker Eduard Bernstein (1850–1932). Ursprünglich noch ein Kampfgefährte von Karl Marx und Friedrich Engels, wurde Bernstein ein Opfer von Bismarcks Sozialistengesetz und lebte im Londoner Exil. Eine Serie von Artikeln in der *Neuen Zeit* aus seiner Feder sorgte für Aufsehen. Er stellte darin die Notwendigkeit der Aufhebung der kapitalistischen Ökonomie und deren Ablösung durch den Sozialismus grundlegend infrage und polemisierte gegen die Vertagung aller Probleme bis zum Tag des endgültigen Sieges des Sozialismus. Nicht auf dieses Endziel käme es an, sondern auf die Bewegung dahin. Bernstein ging von der Möglichkeit aus, dass die Gesellschaft auf dem Weg beharrlicher sozialer Reformen die sozialen Widersprüche der Ökonomie aufheben und auf diese Weise in den Sozialismus »hineinwachsen« könne. Die schrittweise Beseitigung der sozialen Verwerfungen und die allmähliche Demokratisierung der gesellschaftlichen Institutionen seien auf dem Weg der Gesetzgebung möglich. Die Prognose des notwendigen Zusammenbruchs des kapitalistischen Systems habe sich als irrig erwiesen. Der Kapitalismus habe eine enorme Flexibilität und Anpassungsfähigkeit unter Beweis gestellt. Genau dies bestreitet Rosa Luxemburg nun vehement. Aus einer Artikelserie in der *Leipziger Volkszeitung* entstand schließlich ihre Streitschrift *Sozialreform oder Revolution?*, mit der sie gegen Bernstein Stellung bezog. Luxemburg argumentiert vor allem ökonomisch. Sie stellt keineswegs in Abrede, dass Reformen die sozialen Auswirkungen des Kapitalismus abmildern können, und sie misst einer entsprechenden Taktik auch einige Bedeutung zu, vor allem, weil auf diesem Weg das Klassenbewusstsein der Arbeiter gestärkt und konkrete Reformen auf diese Weise durchaus für das Endziel des Sozialismus bedeutend sein können. Aber eben nur im Blick auf dieses Endziel und nicht an sich sind diese Reformen zu bewerten. In einem späteren Aufsatz wird sie dieses dialektische Spannungsverhältnis zwischen dem Kampf um konkrete Reformen und der Aufhebung des kapitalistischen Systems insgesamt in die Formel von der *revolutionären Realpolitik* zusammenfassen. Luxemburg geht vom Grundwiderspruch aus, der den Kapitalismus auszeichnet, nämlich dem Widerspruch zwischen einer zunehmend vergesellschafteten Produktion einerseits und der privaten Aneignung der Produktionsmittel andererseits. Solange dieser Grundwiderspruch besteht, gebiert er aus sich selbst heraus Krisen. Dieser insgesamt destruktive Prozess kann nur zeitweise in seinen Auswirkungen abgemildert werden, er steuert aber unweigerlich auf den Zusammenbruch des ökonomischen Systems insgesamt zu. Allerdings ist Luxemburg auch weit entfernt von einem platten Determinismus, zu dem die Marx'sche Theorie innerhalb der deutschen Sozialdemokratie inzwischen erstarrt war und der ganz dogmatisch von – verselbstständigten – ökonomischen Faktoren ausging und daraus eine fatalistische Zukunftserwartung ableitete. Die soziale Revolution würde sich demzufolge mit naturgesetzlicher Zwangsläufigkeit einstellen. In dieser Frontstellung ist Bernsteins Widerspruch durchaus fruchtbar gewesen. Luxemburg teilt eine solche simplifizierende Auffassung allerdings nicht. Sie geht zwar davon aus, dass der Kapitalismus sich unvermeidlich »den Schädel zerschmettern muss«, wie sie einmal an Leo Jogiches schreibt, aber auch, dass es die Menschen sind, die ihre Geschichte selbst machen – wenn auch nicht aus freien Stücken und immer unter vorgegebenen Bedingungen. Dieser »subjektive Faktor« ist mehr als nur der schlichte Reflex objektiver Gegebenheiten. Das bewusste Handeln der Menschen treibt den historischen Prozess voran, sie sind nicht nur Produkt und Folge, sondern eben auch Triebfedern der Entwicklung. Die soziale Revolution bedarf also der Reife der Akteure, der Arbeiterschaft selbst, und eben dieser dient der Kampf um konkrete Reformen. Zwangsläufig – und damit eine »objektive Notwendigkeit« – ist für Luxemburg also die Verschärfung der Widersprüche des Kapitalismus. Ob aber daraus historisch real der Sozialismus hervorgehen würde, hing für sie von Organisation und Klassenbewusstsein des Proletariats ab. Geschichte kann nicht willkürlich gemacht werden, ihr liegen zwar notwendige Tendenzen zugrunde, aber daraus resultiert kein linear-evolutionärer Verlauf. Der Ausgang der Geschichte – die Alternative zwischen dem Sieg des Imperialismus, der »Barbarei«, und dem Sozialismus – bleibt offen und hängt von Bewusstsein und Mobilisierung des Proletariats ab. Auch ihre Imperialismustheorie, wie sie sie im Jahr 1913 in ihrem theoretischen Hauptwerk *Die Akkumulation des Kapitals* vorlegt (s. unten S. 52 ff.), kann nicht im Sinne einer Theorie des automatischen Zusammenbruchs interpretiert werden. Die Theorie zeige lediglich die *Tendenz* der Entwicklung auf, nicht deren notwendigen Schlusspunkt. Dieser muss umso weniger erreicht werden, »je mehr das gesellschaftliche Bewusstsein, diesmal im sozialistischen Protelariat verkörpert, als aktiver Faktor in das blinde Spiel der Kräfte eingreift« (GW 5, 447).

Kann sich Rosa Luxemburg mit ihrer Haltung tatsächlich mit größerem Recht auf Karl Marx berufen als ihr Widerpart Eduard Bernstein? Das ist alles andere als eindeutig. Fraglos ist es charakteristisch für die kapitalistische Produktionsweise, dass sie periodisch Krisen aus sich heraus gebiert. Solange die Produktion nicht bewusst geplant und koordiniert erfolgt, sondern einen anarchischen, ungeordneten Prozess darstellt, der aus der Konkurrenz von Einzelkapitalien hervorgeht, die je für sich – »bei Strafe des Untergangs« – gezwungen sind, ihren Profit zu maximieren, sind wiederkehrende Krisen unvermeidlich. Schwieriger zu beantworten ist aber bereits die Frage nach der genauen Erklärung dieser Krisen. Marx selbst bietet ja im *Kapital* mindestens zwei unterschiedliche Krisentheorien an, die nicht ohne Weiteres miteinander harmonisiert werden können: den tendenziellen Fall der Profitrate einerseits und die Unterkonsumtionstheorie andererseits (vgl. dazu ausführlicher: TS 274–293; 302–310). Zumindest an der inneren Schlüssigkeit der erstgenannten Krisentheorie kann man berechtigte Zweifel haben. Die Behauptung allerdings, dass Marx eine Zusammenbruchstheorie daraus abgeleitet habe, steht auf einem sehr schwachen Fundament. Es gibt eine einzige Stelle im *Kapital*, in der Marx die Vermutung äußert, dass der Prozess der Zentralisierung der kapitalistischen Produktion zum Zusammenbruch führen würde (MEW 25, 274). Über diese knappe Aussage hinaus aber findet sich im gesamten Marx'schen Werk keine spezifisch ökonomische Zusammenbruchstheorie.

Damit ist allerdings über die Sache selbst noch nichts ausgesagt. Wie später noch genauer gezeigt werden wird, hat Rosa Luxemburg selbst mit ihrer Imperialismustheorie begründet, warum die Krisentendenzen des Kapitalismus noch nicht zum Zusammenbruch geführt haben. Entscheidend sind die vom kapitalistischen Produktionsverhältnis noch nicht vollständig erfassten Bereiche und geografischen Räume; sie sind es, die seine weitere Expansion und den vorläufigen Aufschub seines Zusammenbruchs ermöglichen (s. weiter unten, S. 52 ff.).

Aus unserer heutigen Perspektive wissen wir, als wie anpassungsfähig und flexibel sich das kapitalistische Wirtschaftssystem tatsächlich erwiesen hat. Entgegen allen Untergangsprognosen hat es sich selbst am Leben erhalten. Es ist ihm immer wieder gelungen, seine Krisentendenzen und -folgen zu externalisieren, auszulagern, abzuwälzen, zum Beispiel auf die großen Bevölkerungsmehrheiten der sogenannten Dritten Welt, die zu einem guten Teil völlig ausgeschlossen sind von jeglicher ökonomischen und sozialen Teilhabe, oder auch auf die zukünftigen Generationen, deren natürliche Lebensgrundlagen zerstört und ausgeplündert werden. Dass verheerende Kriege ihre letzte Ursache ebenfalls in der Selbstwidersprüchlichkeit der kapitalistischen Dynamik haben, wird uns noch an anderer Stelle beschäftigen (s. S. 52 ff.). Was die neoliberale Theorie als Ausdruck dessen bewertet, dass sich die Marktwirtschaft eben noch nicht in vollkommener Freiheit von politischen Beschränkungen oder traditionellen Fesseln durchgesetzt hat, ist nichts anderes als die Kehrseite eben dieser weltweit etablierten kapitalistischen Ökonomie. In den Industrieländern konnten die Krisen – vorläufig – in Grenzen gehalten werden, weil man stetiges Wirtschaftswachstum auf Dauer stellte und institutionalisierte – ein Wachstum allerdings, dessen objektive Grenzen längst zutage liegen – und die Krisen in vielfacher Form auslagerte. Heute allerdings haben wir es mit einer qualitativ völlig neuen Situation zu tun: Die Krise des wachstumsgetriebenen weltweiten Kapitalismus äußert sich in einer umfassenden Biosphärenkrise, die den Fortbestand der menschlichen Zivilisation insgesamt infrage stellt. Aus dieser Krise wird sich der Kapitalismus nicht mehr herauswinden können, weil seiner inneren Dynamik eine externe absolute Schranke gesetzt ist, die geologischer, biologischer und physikalischer Natur ist: das Schwinden der Tragfähigkeit der Ökosysteme und die zunehmende Verknappung endlicher natürlicher Ressourcen. Alle Versprechen eines grünen Kapitalismus, einer »Entkoppelung« von Wachstumszwang und Ressourcen- bzw. Energieverbrauch erweisen sich als infantile Technikfantasien. Diese absolute Schranke, vor der der Kapitalismus mit seinem ihm eingeschriebenen Wachstumszwang nun steht, stellt uns vor die Alternative, seine letzte Krise über uns hereinbrechen zu lassen – mit all den sozialen Verwerfungen, die dies nach sich zieht – oder die Situation bewusst zu gestalten, durch gezielte Schritte industrieller Abrüstung seine zerstörerische Dynamik einzudämmen und zu versuchen auf einer viel schmaleren Ressourcenbasis eine solidarische Gesellschaft zu errichten.

Wie sehr Bernsteins Position die Befindlichkeit der sozialdemokratischen Partei und deren faktischen parlamentarischen Pragmatismus – trotz aller marxistisch-revolutionärer Sonntagsreden und trotz der Dominanz des »marxistischen Zentrums« – zum Ausdruck brachte, macht der berühmte Ausspruch Ignaz Auers deutlich, als Bernstein die Programmatik der Partei in seinem Sinne verändern wollte: »Lieber Ede, du bist ein großer Esel, denn so was sagt man nicht, so was tut man!«

Eine Lanze sei zum Schluss jedoch noch für Eduard Bernstein gebrochen: Die Denunzierung aller konkreten Reformschritte als Reformismus, der Aufschub aller Problemlösungen bis zur endgültigen Überwindung des kapitalistischen Systems und einem erträumten Sieg des Sozialismus schlägt spätestens dann in einen unerträglichen Zynismus um, wenn es um die konkreten Lebens- und Überlebensmöglichkeiten von Menschen geht. Ein plakativ propagierter Antikapitalismus kann leicht zum Alibi verkommen, das politische Abstinenz rechtfertigt. Gerade heute sind wir angesichts der tiefen ökologischen Krise, der Gefährdung des Fortbestands der menschlichen Zivilisation und der drängenden Zeit darauf angewiesen, mit den uns jetzt schon zur Verfügung stehenden Mitteln die Notbremse zu ziehen und dadurch überhaupt sicherzustellen, dass wir die Kontrolle über das Geschehen nicht völlig verlieren. Vielleicht bieten diese konkreten Maßnahmen zur Verhinderung des Schlimmsten die Chance, Auswege aus dem System zu eröffnen und Spielräume für eine andere Logik jenseits der kapitalistischen Verwertungszwänge zu schaffen. Jedenfalls sollte klar geworden sein, von welcher Aktualität der Streit – trotz der völlig anderen historischen Situation – ist, den Bernstein und Luxemburg miteinander ausgetragen haben, und wie wenig uns leichtfertig vorgetragene Schlagworte (»Reformismus«) tatsächlich weiterhelfen.

[…]
Sozialreform *oder* Revolution? Kann denn die Sozialdemokratie *gegen* die Sozialreform sein? Oder kann sie die soziale Revolution, die Umwälzung der bestehenden Ordnung, die ihr Endziel bildet, der Sozialreform *entgegenstellen*? Aller-

dings nicht. Für die Sozialdemokratie bildet der alltägliche praktische Kampf um soziale Reformen, um die Besserung der Lage des arbeitenden Volkes noch auf dem Boden des Bestehenden, um die demokratischen Einrichtungen vielmehr den einzigen Weg, den proletarischen Klassenkampf zu leiten und auf das Endziel, auf die Ergreifung der politischen Macht und Aufhebung des Lohnsystems hinzuarbeiten. Für die Sozialdemokratie besteht zwischen der Sozialreform und der sozialen Revolution ein unzertrennlicher Zusammenhang, indem ihr der Kampf um die Sozialreform *das Mittel*, die soziale Umwälzung aber der *Zweck* ist:

[...]

Nach Bernstein wird ein allgemeiner Zusammenbruch des Kapitalismus mit dessen Entwicklung immer unwahrscheinlicher, weil das kapitalistische System einerseits immer mehr Anpassungsfähigkeit zeigt, andererseits die Produktion sich immer mehr differenziert. Die Anpassungsfähigkeit des Kapitalismus äußert sich nach Bernstein erstens in dem Verschwinden der allgemeinen *Krisen*, dank der Entwicklung des Kreditsystems, der Unternehmerorganisationen und des Verkehrs sowie des Nachrichtendienstes, zweitens in der Zähigkeit des Mittelstandes infolge der beständigen Differenzierung der Produktionszweige sowie der Hebung großer Schichten des Proletariats in den Mittelstand, drittens endlich in der ökonomischen und politischen Hebung der Lage des Proletariats infolge des Gewerkschaftskampfes.

[...]

Die wissenschaftliche Begründung des Sozialismus stützt sich [...] bekanntermaßen auf *drei* Ergebnisse der kapitalistischen Entwicklung: vor allem auf die wachsende *Anarchie* der kapitalistischen Wirtschaft, die ihren Untergang zu unvermeidlichem Ergebnis macht, zweitens auf die fortschreitende *Vergesellschaftung* des Produktionsprozesses, die die positiven Ansätze der künftigen sozialen Ordnung schafft, und drittens auf die wachsende *Organisation und Klassenerkenntnis* des Proletariats, das den aktiven Faktor der bevorstehenden Umwälzung bildet.

[…]

Die revisionistische Theorie steht vor einem Entweder – Oder. Entweder folgt die sozialistische Umgestaltung nach wie vor aus den inneren Widersprüchen der kapitalistischen Ordnung, dann entwickeln sich mit dieser Ordnung auch ihre Widersprüche und ein Zusammenbruch in dieser oder jener Form ist in irgendeinem Zeitpunkt das unvermeidliche Ergebnis, dann sind aber auch die »Anpassungsmittel« unwirksam, und die Zusammenbruchstheorie richtig. Oder die »Anpassungsmittel« sind wirklich imstande, einem Zusammenbruch des kapitalistischen Systems vorzubeugen, also den Kapitalismus existenzfähig zu machen, also seine Widersprüche aufzuheben, dann hört aber der Sozialismus auf, eine historische Notwendigkeit zu sein […].

Die gesetzliche Reform und die Revolution sind also nicht verschiedene Methoden des geschichtlichen Fortschritts, die man in dem Geschichtsbüfett nach Belieben wie heiße Würstchen oder kalte Würstchen auswählen kann, sondern verschiedene *Momente* in der Entwicklung der Klassengesellschaft, die einander ebenso bedingen und ergänzen, zugleich aber ausschließen, wie z. B. Südpol und Nordpol, wie Bourgeoisie und Proletariat.

Und zwar ist die jeweilige gesetzliche Verfassung bloß ein *Produkt* der Revolution. Während die Revolution der politische Schöpfungsakt der Klassengeschichte ist, ist die Gesetzgebung das politische Fortvegetieren der Gesellschaft. Die gesetzliche Reformarbeit hat eben in sich keine eigene, von der Revolution unabhängige Triebkraft, sie bewegt sich in jeder Geschichtsperiode nur auf der Linie und so lange, als in ihr der ihr durch die letzte Umwälzung gegebene Fußtritt nachwirkt, oder, konkret gesprochen, nur *im Rahmen* der durch die letzte Umwälzung in die Welt gesetzten Gesellschaftsform. Das ist eben der Kernpunkt der Frage.

Es ist grundfalsch und ganz ungeschichtlich, sich die gesetzliche Reformarbeit bloß als die ins Breite gezogene Revolution und die Revolution als die zusammengedrängte Reform vorzustellen. Eine soziale Umwälzung und eine gesetzliche Reform sind nicht durch die *Zeitdauer*, sondern durch das *Wesen* verschiedene Momente. Das ganze Geheimnis der geschichtlichen Umwälzungen durch den Gebrauch der politischen Macht liegt ja gerade in dem Umschlage der bloßen quantitativen Veränderungen in eine neue Qualität, konkret gesprochen in dem Übergange einer Geschichtsperiode, einer Gesellschaftsordnung in eine andere.

Wer sich daher für den gesetzlichen Reformweg *anstatt* und im *Gegensatz* zur Eroberung der politischen Macht und zur Umwälzung der Gesellschaft ausspricht, wählt tatsächlich nicht einen ruhigeren, sicheren, langsameren Weg zum *gleichen* Ziel, sondern auch ein *anderes* Ziel, nämlich statt der Herbeiführung einer neuen Gesellschaftsordnung bloß unwesentliche Veränderungen in der alten. So gelangt man von den politischen Ansichten des Revisionismus zu demselben Schluss, wie von seinen ökonomischen Theorien: dass sie im Grunde genommen nicht auf die Verwirklichung der *sozialistischen* Ordnung, sondern bloß auf die Reformierung der *kapitalistischen*, nicht auf die Aufhebung des Lohnsystems, sondern auf das Mehr oder Weniger der Ausbeutung, mit einem Worte auf die Beseitigung der kapitalistischen Auswüchse und nicht des Kapitalismus selbst abzielen.

(Sozialreform oder Revolution?, in: GW 1/1, 369–429)

[…]

Wenn die heutige Arbeiterbewegung, allen Gewaltstreichen der gegnerischen Welt trotzend, siegreich die Mähnen schüttelt, so ist es vor allem die ruhige Einsicht in die Gesetzmäßigkeit der objektiven historischen Entwicklung, die Einsicht in die Tatsache, dass »die kapitalistische Produktion … mit der Notwendigkeit eines Naturprozesses ihre eigne Negation« (MEW 23, 791) – nämlich die Expropriation der Expropriateure, die sozialistische Umwälzung – erzeugt, diese Einsicht ist es, in der sie die feste Bürgschaft des schließlichen Sieges erblickt und aus der sie nicht nur den Ungestüm, sondern auch die Geduld, die Kraft zur Tat und den Mut zur Ausdauer schöpft.

Die erste Bedingung einer erfolgreichen Kampfpolitik ist das Verständnis für die Bewegungen des Gegners. Was gibt uns aber den Schlüssel zum Verständnis der bürgerlichen Politik bis in ihre kleinsten Verzweigungen, bis in die Verschlingungen der Tagespolitik, ein Verständnis, das uns gleichermaßen vor Überraschungen wie vor Illusionen bewahrt? Nichts andres als die Erkenntnis, dass man alle Formen des gesellschaftlichen Bewusstseins, also auch die bürgerliche Politik, in ihrer inneren Zerrissenheit aus den Klassen- und Gruppeninteressen, aus den Widersprüchen des materiellen Lebens und in letzter Instanz »aus dem vorhandenen Konflikt zwischen gesellschaftlichen Produktivkräften und Produktionsverhältnissen« erklären muss.

Und was gibt uns auch die Fähigkeit, unsre Politik neuen Erscheinungen des politischen Lebens, wie z. B. der Weltpolitik, anzupassen und sie vor allem, auch ohne besonderes Talent und Tiefsinn, mit einer Tiefe des Urteils einzuschätzen, die den Kern selbst der Erscheinung trifft, während die talentvollsten Kritiker der Bourgeoisie nur an ihrer Oberfläche tasten oder sich bei jedem Blick in die Tiefe in ausweglose

Widersprüche verwickeln? Wiederum nichts andres als der Überblick über den historischen Entwicklungsgang an der Hand des Gesetzes, dass es »die Produktionsweise des materiellen Lebens« ist, die »den sozialen, politischen und geistigen Lebensprozess bedingt«.

Vor allem aber, was gibt uns einen Maßstab bei der Wahl der einzelnen Mittel und Wege im Kampfe, zur Vermeidung des planlosen Experimentierens und kraftvergeudender utopischer Seitensprünge? Die einmal erkannte Richtung des ökonomischen und politischen Prozesses in der heutigen Gesellschaft ist es, an der wir nicht nur unseren Feldzugsplan in seinen großen Linien, sondern auch jedes Detail unsres politischen Strebens messen können. Dank diesem Leitfaden ist es der Arbeiterklasse zum ersten Mal gelungen, die große Idee des sozialistischen Endziels in die Scheidemünze der Tagespolitik umzuwechseln und die politische Kleinarbeit des Alltags zum ausführenden Werkzeug der großen Idee zu erheben. Es gab vor Marx eine von Arbeitern geführte bürgerliche Politik, und es gab revolutionären Sozialismus. Es gibt erst seit Marx und durch Marx *sozialistische Arbeiterpolitik*, die zugleich und im vollsten Sinne beider Worte *revolutionäre Realpolitik* ist.

Wenn wir nämlich als Realpolitik eine Politik erkennen, die sich nur erreichbare Ziele steckt und sie mit wirksamsten Mitteln auf dem kürzesten Wege zu verfolgen weiß, so unterscheidet sich die proletarische Klassenpolitik im Marx'schen Geiste darin von der bürgerlichen Politik, dass die bürgerliche Politik vom Standpunkte der *materiellen Tageserfolge* real, während die sozialistische Politik es vom Standpunkte der *geschichtlichen Entwicklungstendenz* ist. Es ist genau derselbe Unterschied wie zwischen einer vulgärökonomischen Werttheorie, die den Wert als eine dingliche Erscheinung vom Standpunkte des Marktstandes, und der Marx'schen Theorie, die ihn als gesellschaftliches Verhältnis einer bestimmten historischen Epoche auffasst.

Die proletarische Realpolitik ist aber auch revolutionär, indem sie durch alle ihre Teilbestrebungen in ihrer Gesamtheit über den Rahmen der bestehenden Ordnung, in der sie arbeitet, hinausgeht, indem sie sich bewusst nur als das Vorstadium des Aktes betrachtet, der sie zur Politik des herrschenden und umwälzenden Proletariats macht.

(Karl Marx, in: GW 1/2, 372–374)

»Madame Geschichte drehte … lachend eine Nase«

Der Massenstreik als Mittel gesellschaftlicher Transformation

Rosa Luxemburgs nach ihrer Gefängnishaft in Polen verfasste Broschüre *Massenstreik, Partei und Gewerkschaften* ist ein entscheidendes Bindeglied zwischen ihrer Stellungnahme in der Revisionismusdebatte mit Eduard Bernstein und ihrer gegen die Taktik der Bolschewiki gerichteten Polemik *Zur russischen Revolution* (vgl. weiter unten, S. 121 ff.). Einerseits ist der Parlamentarismus, die rein formale demokratische Ordnung also auf dem Boden der kapitalistischen Ökonomie und in deren Grenzen, völlig unzulänglich, um die Lebensbedingungen der Menschen real zu verändern und ein solidarisches Gesellschaftsverhältnis herzustellen, andererseits muss diese reale Veränderung von der Mehrheit der Menschen selbst aktiv getragen werden und darf sich nicht der geschickten revolutionären Taktik einer Minderheit verdanken. Ihr Konzept vom Massenstreik als dem entscheidenden Kampfmittel der gesellschaftlichen Transformation entwickelt Luxemburg jedoch nicht einfach auf dem Reißbrett. Es ist das Ergebnis ihrer Analyse realer historischer Kämpfe: zunächst der Wahlrechtsstreiks in Belgien, vor allem aber der revolutionären Ereignisse in Russland im Jahr 1905. Es zeigt sich hier jener Grundzug an der Theoretikerin im Dienst gesellschaftlicher Veränderung, den Karl Radek sehr schön auf den Punkt gebracht hat: »... in allem zeigte sich Rosa Luxemburg frei von jedem Dogmatismus, den man den orthodoxen Marxisten vorwarf, zeigte sich immer als Schülerin der Wirklichkeit. Der Marxismus war für Rosa Luxemburg niemals ein starres Resultat, sondern immer lebendige Forschungsmethode.« (zit. nach Laschitza 1996, 239).

Der historische Hintergrund von Luxemburgs Überlegungen nahm seinen Ausgangspunkt beim »Petersburger Blutsonntag« und den darauf folgenden revolutionären Ereignissen. Ein friedlicher Demonstrationszug für bessere Lebensbedingungen zum Winterpalais, an dem etwa 140 000 Menschen teilnahmen, wurde brutal unter Beschuss genommen. Etwa 1000 Menschen fanden im Kugelhagel den Tod. Allenthalben kam es nun zu Streiks der Arbeiter und Bauernerhebungen. Befriedung sollte im Sommer desselben Jahres ein Verfassungsprojekt bringen. Die darin vorgesehene Duma (Parlament) hatte allerdings nur beratende Funktion, und das Wahlsystem war völlig undemokratisch. Eine breite Streikbewegung in Russlands industriellen Zentren und Bauernaufstände zwangen den Zaren dann allerdings im Oktober zu weiteren Zugeständnissen. Er stellte einige bürgerlich-demokratische Rechte und eine Duma mit gesetzgebender Kompetenz in Aussicht. Diese Ereignisse in Russland verschärften innerhalb der deutschen Sozialdemokratie und der Gewerkschaften den Streit um den Massenstreik als Kampfmittel und bildeten den unmittelbaren Anlass für Luxemburgs 1906 verfasste Broschüre. Für sie ist der Massenstreik die grundlegende revolutionäre Kampfform schlechthin – während etwa August Bebel und Karl Kautsky darin nur ein defensives Kampfmittel zur Abwehr von Angriffen auf Grundrechte, eine »ultima ratio«, erblickten und viele Gewerkschaftsführer darin ein Experiment mit unkalkulierbaren Folgen sahen oder den Massenstreik vorschnell mit der Generalstreiktheorie der Anarchisten gleichsetzten. Luxemburg begreift ihn allerdings im weitgefassten Sinne nicht als Einzelaktion, sondern als die Gesamtheit aller größeren Aktionen der Arbeiterklasse vom einfachen Demonstrationsstreik bis zum bewaffneten Aufstand und verwahrt sich auch gegen die künstliche Scheidung von ökonomischem und politischem Streik. Voraussetzung ist selbstverständlich eine revolutionäre Situation. Luxemburg setzt ihr Vertrauen dabei grundsätzlich in die Spontaneität und schöpferische Kraft der Arbeiterklasse selbst. Massenstreik kann also nicht dekretiert, beschlossen, »gemacht« werden. Der sozialdemokratischen Partei kommt demgegenüber die Aufgabe zu, in enger Tuchfühlung mit den kämpfenden Arbeitern die revolutionäre Situation bewusst zu machen und ihr schließlich Orientierung zu geben. Eigentlicher Akteur aber sind die Arbeiter selbst. Der Massenstreik soll zu einer wirklichen Volksbewegung werden, die die breitesten Schichten der Arbeiter erfasst. Diese Kampfform stellte für Luxemburg das natürliche Mittel in einer Situation dar, in der ein zahlenmäßig großes Proletariat sich nicht nur gegen die Staatsmacht, sondern gleichermaßen gegen die kapitalistische Ausbeutung zu wenden hat. Entscheidend ist: Luxemburg sah in dieser Kampfform einen zivilisatorischen Fortschritt. Nicht mehr die alten, blutigen Barrikadenkämpfe, mit deren Hilfe die autoritären Regime des 19. Jahrhunderts gestürzt werden sollten, sondern die Macht der Masse der Produzenten ist nun der Schlüssel zur gesellschaftlichen Transformation. Der humanen Zielsetzung der Revolution entspricht also die Zivilisierung der Kampfform (Luxemburgs Verhältnis zur Gewalt wird in anderem Zusammenhang noch näher erörtert; S. 130 ff.).

Luxemburgs Überlegungen sind keineswegs bloß von historischem Interesse, sondern – trotz der völlig anderen Situation – durchaus inspirierend und relevant für die heutige Zeit. Zu erörtern ist hier zunächst die Frage nach der Legitimität von Kampf- und Widerstandsformen jenseits des legalen Rahmens der formalen, repräsentativen Demokratie. Entscheidend ist hier die Einsicht, dass der demokratischen Selbstbestimmung der Gesellschaft auf dem Boden der kapitalistischen Ökonomie sehr enge Grenzen gezogen sind. Das Vorhandensein von demokratischen Institutionen und formaldemokratischen Verfahren allein erweist sich als unzulänglich. Solange die materielle Basis, die Ökonomie, der Logik privater Profitinteressen gehorcht, verbleibt Demokratie in deren Geiselhaft, können gewählte Parlamente im Wesentlichen nur das nachvollziehen, was ihnen die Imperative des ökonomischen Systems vorgeben, sind weder demokratisch gewählte Entscheidungsträger noch das Wahlvolk selbst in ihren formal souveränen Entscheidungen wirklich frei. Die Verfügung privater Instanzen über die Produktionsmittel, über das Finanzkapital und über die ökonomischen Mechanismen schränkt den Entscheidungsspielraum von vornherein ein. Auf dem Boden des Kapitalismus kann deshalb Demokratie im emphatischen Sinne des Wortes nie und nimmer gedeihen. Dazu kommt ein weiteres gravierendes Element: Wenn Demokratie bedeutet, dass diejenigen, die von einer Entscheidung betroffen sind, gleichzeitig auch die Entscheidungsträger sein müssen, dann ist jeder Entscheidung, die andere in Mitleidenschaft zieht, der Boden der demokratischen Legitimität entzogen. Das gilt etwa für alle Entscheidungen, die erheblich über die künftigen Generationen verfügen und ihnen irreversible Beeinträchtigungen ihrer Lebensgrundlagen, unverhältnismäßige Lasten sowie unkalkulierbare Risiken aufbürden. Gerade unter demokratietheoretischen Gesichtspunkten greift hier ein stellvertretendes Widerstandsrecht außerhalb des formalen Rahmens der Legalität.

Anders als für Rosa Luxemburg stellt sich in der heutigen Zeit allerdings die Frage nach den konkreten Kampfformen, die Frage nach dem Subjekt, dem Träger der gesellschaftlichen Transformation sowie einer möglichen revolutionären Situation. Es wäre reichlich naiv, heute ebenso wie Luxemburg zu Beginn des 20. Jahrhunderts, vom Industrieproletariat als dem entscheidenden Motor gesellschaftlicher Transformation auszugehen. Das gilt zumindest für die OECD-Länder. Die Widersprüchlichkeit des Kapitalismus zeigt sich heute im Wesentlichen nicht an der Situation der Arbeiterschaft der reichen Industrieländer, sondern am Ausschluss großer Bevölkerungsteile in der sogenannten Dritten Welt und vor allem an der irreversiblen Zerstörung der natürlichen Lebensgrundlagen weltweit. Die Industriearbeiterschaft bei uns gehört gerade zu den Profiteuren dieser Situation, was sich ja auch ganz konkret im Verhalten der gewerkschaftlich organisierten Arbeiterschaft in entsprechenden Konfliktfällen zeigt. Luxemburg konnte noch ganz im Sinne von Karl Marx davon ausgehen, dass die partikularen Interessen des Industrieproletariats zusammenfallen mit dem gesamtgesellschaftlichen Interesse an Emanzipation, dass die Arbeiter, die im Übrigen nichts zu verlieren hatten als ihre Ketten (und nicht ihre Reihenhäuser und Zweitwagen), sich nur selbst befreien können, wenn sie die Gesellschaft insgesamt befreien (vgl. dazu TS 53–69). Dieser Befund stimmt aber heute keineswegs. Gerade wenn wir heute angesichts der ökologischen Herausforderung vor der Aufgabe stehen, industriell abzurüsten, die Autoproduktion zurückzufahren etc., dann entspricht dies in keiner Weise dem *unmittelbaren* Interesse der betroffenen Arbeiter. Und: Auch wenn die prekäre Lebenssituation einer viel zu großen Bevölkerungsschicht auch in den Industrieländern in keinem Fall verharmlost werden soll – eine revolutionäre Situation wird sich daraus schwerlich ergeben. Die Bekämpfung der Armut in den Industrieländern lässt sich durchaus systemimmanent bewerkstelligen. An konkreten politischen Vorschlägen hierzu, die problemlos umgesetzt werden können, ohne die kapitalistische Ökonomie als solche infrage zu stellen, fehlt es keineswegs.

Träger entscheidender Veränderungen in den Industrieländern werden eher Gruppierungen, Initiativen und Organisationen sein, die sich nicht um ihre unmittelbaren materiellen Interessen bilden, sondern aus einer ethischen Motivation heraus durchaus auch gegen ihr Eigeninteresse zu handeln bereit sind. Über Luxemburg hinaus gedacht werden sich damit auch die konkreten Kampfformen verändern. Nicht so sehr Streiks und Massenstreiks, die traditionellen Kampfformen der Arbeiterschaft, sondern vielfältige Formen des zivilen Ungehorsams, des kalkulierten Regelverstoßes und des gewaltfreien Widerstands werden möglicherweise eine weitere Stufe der Zivilisierung gesellschaftlicher Kämpfe darstellen.

An einer Einsicht Luxemburgs wird dabei mit Sicherheit festzuhalten sein: Aussichtsreich werden diese Kämpfe um Veränderung nur dann sein, wenn sie von einer breiten Mehrheit der Bevölkerung getragen und nicht das Projekt einer selbsternannten Avantgarde sind. Die große Aufgabe bleibt also nach wie vor der Kampf um die Köpfe und Herzen der Menschen im Ringen um eine humane, solidarische und ökologisch nachhaltige Gesellschaft.

[…]
Die klassenbewusste deutsche Arbeiterschaft hat längst das Humoristische der polizeilichen Theorie begriffen, als sei die ganze moderne Arbeiterbewegung ein künstliches, willkürliches Produkt einer Handvoll gewissenloser »Wühler und Hetzer«.

Es ist aber genau dieselbe Auffassung, die darin zum Ausdruck kommt, wenn sich ein paar brave Genossen zu einer freiwilligen Nachtwächterkolonne zusammentun, um die deutsche Arbeiterschaft vor dem gefährlichen Treiben einiger »Revolutionsromantiker« und ihrer »Propaganda des Massenstreiks« zu warnen […].

Der Massenstreik, wie er meistens in der gegenwärtigen Diskussion in Deutschland vorschwebt, ist eine sehr klar und einfach gedachte, scharf umrissene Einzelerscheinung. Es wird ausschließlich vom politischen Massenstreik gesprochen. Es wird dabei an einen einmaligen grandiosen Ausstand des Industrieproletariats gedacht, der aus einem politischen Anlass von höchster Tragweite unternommen, und zwar aufgrund einer rechtzeitigen gegenseitigen Verständigung der Partei- und der gewerkschaftlichen Instanzen unternommen, dann im Geiste der Disziplin in größter Ordnung durchgeführt und in noch schönster Ordnung auf rechtzeitig gegebene Losung der leitenden Instanzen abgebrochen wird, wobei die Regelung der Unterstützung, der Kosten, der Opfer, mit einem Wort die ganze materielle Bilanz des Massenstreiks im Voraus genau bestimmt wird.

Wenn wir nun dieses theoretische Schema mit dem wirklichen Massenstreik vergleichen, wie er in Russland seit fünf Jahren auftritt, so müssen wir sagen, dass der Vorstellung, die in der deutschen Diskussion im Mittelpunkt steht, fast kein einziger von den vielen Massenstreiks entspricht, die stattgefunden haben, und dass andererseits die Massenstreiks in Russland eine solche Mannigfaltigkeit der verschiedensten Spielarten aufweisen, dass es ganz unmöglich ist, von »dem« Massenstreik zu sprechen. Alle Momente des Massenstreiks sowie sein Charakter sind nicht bloß verschieden in verschiedenen Städten und Gegenden des Reiches, sondern vor allem hat sich ihr allgemeiner Charakter im Laufe der Revolution geändert. Die Massenstreiks haben in Russland eine bestimmte Geschichte durchgemacht, und sie machen sie noch weiter durch. Wer also vom Massenstreik in Russland redet, muss vor allem seine Geschichte ins Auge fassen.

[...]

Nach der Theorie der Liebhaber »ordentlicher und wohldisziplinierter« Kämpfe nach Plan und Schema, jener besonders, die es von Weitem stets besser wissen wollen, wie »es hätte gemacht werden sollen«, war der Zerfall der großen politischen Generalstreikaktion des Jahres 1905 in eine Unzahl ökonomischer Kämpfe wahrscheinlich »ein großer Fehler«, der jene Aktion »lahmgelegt« und in ein »Strohfeuer« verwandelt hatte. Auch die Sozialdemokratie in Russland, die die Revolution zwar mitmacht, aber nicht »macht«, und ihre Gesetze erst aus ihrem Verlauf selbst lernen muss, war im ersten Augenblick durch das scheinbar resultatlose Zurückfluten der ersten Sturmflut des Generalstreiks für eine Weile etwas aus dem Konzept gebracht. Allein, die Geschichte, die jenen »großen Fehler« gemacht hat, verrichtete damit, unbekümmert um das Räsonnieren ihrer unberufenen Schulmeister, eine ebenso unvermeidliche wie in ihren Folgen unberechenbare Riesenarbeit der Revolution.

Die plötzliche Generalerhebung des Proletariats im Januar unter dem gewaltigen Anstoß der Petersburger Ereignisse war nach außen hin ein politischer Akt der revolutionären Kriegserklärung an den Absolutismus. Aber diese erste allgemeine direkte Klassenaktion wirkte gerade als solche nach innen umso mächtiger zurück, indem sie zum ersten Mal das Klassengefühl und Klassenbewusstsein in den Millionen und Abermillionen wie durch einen elektrischen Schlag weckte. Und dieses Erwachen des Klassengefühls äußerte sich sofort darin, dass der nach Millionen zählenden proletarischen Masse ganz plötzlich scharf und schneidend die Unerträglichkeit jenes sozialen und ökonomischen Daseins zum Bewusstsein kam, das sie Jahrzehnte in den Ketten des Kapitalismus geduldig ertrug. Es beginnt daher ein spontanes, allgemeines Rütteln und Zerren an diesen Ketten. Alle tausendfältigen Leiden des modernen Proletariats erinnern es an alte blutende Wunden.

[…]

Madame Geschichte drehte den bürokratischen Schablonenmenschen, die an den Toren des deutschen Gewerkschaftsglücks grimmige Wacht halten, von Weitem lachend eine Nase. Die festen Organisationen, die als unbedingte Voraussetzung für einen eventuellen Versuch zu einem eventuellen deutschen Massenstreik im Voraus wie eine uneinnehmbare Festung umschanzt werden sollen, diese Organisationen werden in Russland gerade umgekehrt aus dem Massenstreik geboren. Und während die Hüter der deutschen Gewerkschaften am meisten befürchten, dass die Organisationen in einem revolutionären Wirbel wie kostbares Porzellan krachend in Stücke gehen, zeigt uns die russische Revolution das direkt umgekehrte Bild: Aus dem Wirbel und Sturm, aus Feuer und Glut der Massenstreiks, der Straßenkämpfe steigen empor wie die Venus aus dem Meerschaum: frische, junge, tatkräftige und lebensfrohe … Gewerkschaften.

[…]

Wenn wir aber anstatt der untergeordneten Spielart des demonstrativen Streiks den Kampfstreik ins Auge fassen, wie er im heutigen Russland den eigentlichen Träger der proletarischen Aktion darstellt, so fällt weiter ins Auge, dass darin das ökonomische und das politische Moment unmöglich voneinander zu trennen sind. Auch hier weicht die Wirklichkeit von dem theoretischen Schema weit ab, und die politische Vorstellung, in der der reine politische Massenstreik logisch von dem gewerkschaftlichen Generalstreik als die reifste und höchste Stufe abgeleitet, aber zugleich klar auseinandergehalten wird, ist von der Erfahrung der russischen Revolution gründlich widerlegt.

[…]

Jeder neue Anlauf und neue Sieg des politischen Kampfes verwandelt sich in einen mächtigen Anstoß für den wirtschaftlichen Kampf, indem er zugleich seine äußeren Möglichkeiten erweitert und den inneren Antrieb der Arbeiter, ihre Lage zu bessern, ihre Kampflust, erhöht. Nach jeder schäumenden Welle der politischen Aktion bleibt ein befruchtender Niederschlag zurück, aus dem sofort tausendfältige Halme des ökonomischen Kampfes emporschießen. Und umgekehrt. Der unaufhörliche ökonomische Kriegszustand der Arbeiter mit dem Kapital hält die Kampfenergie in allen politischen Pausen wach, er bildet sozusagen das ständige frische Reservoir der proletarischen Klassenkraft, aus dem der politische Kampf immer von Neuem seine Macht hervorholt, und zugleich führt das unermüdliche ökonomische Bohren des Proletariats alle Augenblicke bald hier, bald dort zu einzelnen scharfen Konflikten, aus denen unversehens politische Konflikte auf großem Maßstab explodieren.

Mit einem Wort: Der ökonomische Kampf ist das Fortleitende von einem politischen Knotenpunkt zum andern, der politische Kampf ist die periodische Befruchtung des Bodens für den ökonomischen Kampf. Ursache und Wirkung wechseln hier alle Augenblicke ihre Stellen, und so bilden das ökonomische und das politische Moment in der Massenstreikperiode, weit entfernt, sich reinlich zu scheiden oder gar auszuschließen, wie es das pedantische Schema will, vielmehr nur zwei ineinander geschlungene Seiten des proletarischen Klassenkampfes in Russland. Und *ihre Einheit* ist eben der Massenstreik. Wenn die spintisierende Theorie, um zu dem »reinen politischen Massenstreik« zu gelangen, eine künstliche logische Sektion an dem Massenstreik vornimmt, so wird bei diesem Sezieren, wie bei jedem anderen, die Erscheinung nicht in ihrem lebendigen Wesen erkannt, sondern bloß abgetötet.

[…] Endlich zeigen uns die Vorgänge in Russland, dass der Massenstreik von der Revolution unzertrennlich ist. Die Geschichte der russischen Massenstreiks, das ist die Geschichte der russischen Revolution. Wenn freilich die Vertreter unseres deutschen Opportunismus von »Revolution« hören, so denken sie sofort an Blutvergießen, Straßenschlachten, an Pulver und Blei, und der logische Schluss daraus ist: Der Massenstreik führt unvermeidlich zur Revolution, *ergo* dürfen wir ihn nicht machen. In der Tat sehen wir in Russland, dass beinahe jeder Massenstreik im letzten Schluss auf ein Renkontre mit den bewaffneten Hütern der zarischen Ordnung hinausläuft; darin sind die sogenannten politischen Streiks den größeren ökonomischen Kämpfen ganz gleich. Allein die Revolution ist etwas anderes und etwas mehr als Blutvergießen. Im Unterschied von der polizeilichen Auffassung, die die Revolution ausschließlich vom Standpunkte der »Unordnung« ins Auge fasst, erblickt die Auffassung des wissenschaftlichen Sozialismus in der Revolution vor allem eine tiefgehende innere Umwälzung in den sozialen Klassenverhältnissen. Und von diesem Standpunkt besteht zwischen Revolution und Massenstreik in Russland auch noch ein ganz anderer Zusammenhang als der von der trivialen Wahrnehmung konstatierte, dass der Massenstreik gewöhnlich im Blutvergießen endet.

[…]

Wenn aber die Leitung der Massenstreiks im Sinne des Kommandos über ihre Entstehung und im Sinne der Berechnung und Deckung ihrer Kosten Sache der revolutionären Periode selbst ist, so kommt dafür die Leitung bei Massenstreiks in einem ganz anderen Sinne der Sozialdemokratie und ihren führenden Organen zu. Statt sich mit der technischen Seite, mit dem Mechanismus der Massenstreiks ihren Kopf zu zerbrechen, ist die Sozialdemokratie berufen, die *politische* Leitung auch mitten in der Revolutionsperiode zu übernehmen. Die Parole, die Richtung dem Kampfe zu geben, die *Taktik* des politischen Kampfes so einzurichten, dass in jeder Phase und in jedem Moment des Kampfes die ganze Summe der vorhandenen und bereits ausgelösten, betätigten Macht des Proletariats realisiert wird und in der Kampfstellung der Partei zum Ausdruck kommt, dass die Taktik der Sozialdemokratie nach ihrer Entschlossenheit und Schärfe nie *unter* dem Niveau des tatsächlichen Kräfteverhältnisses steht, sondern vielmehr diesem Verhältnis vorauseilt, das ist die wichtigste Aufgabe der »Leitung« in der Periode der Massenstreiks. Und diese Leitung schlägt von selbst gewissermaßen in technische Leitung um. Eine konsequente, entschlossene, vorwärtstreibende Taktik der Sozialdemokratie ruft in der Masse das Gefühl der Sicherheit, des Selbstvertrauens und der Kampflust hervor; eine schwankende, schwächliche, auf der Unterschätzung des Proletariats basierte Taktik wirkt auf die Masse lähmend und verwirrend. Im ersteren Falle brechen Massenstreiks »von selbst« und immer »rechtzeitig« aus, im zweiten bleiben mitunter direkte Aufforderungen der Leitung zum Massenstreik erfolglos.

[…]

Der Massenstreik ist somit die erste natürliche, impulsive Form jeder großen revolutionären Aktion des Proletariats, und je mehr die Industrie die vorherrschende Form der sozialen Wirtschaft, je hervorragender die Rolle des Proletariats in der Revolution und je entwickelter der Gegensatz zwischen Arbeit und Kapital, umso mächtiger und ausschlaggebender müssen die Massenstreiks werden. Die frühere Hauptform der bürgerlichen Revolutionen, die Barrikadenschlacht, die offene Begegnung mit der bewaffneten Macht des Staates, ist in der heutigen Revolution nur ein äußerster Punkt, nur ein Moment in dem ganzen Prozess des proletarischen Massenkampfes.

Und damit ist in der neuen Form der Revolution auch jene Zivilisierung und Milderung der Klassenkämpfe erreicht, die von den Opportunisten der deutschen Sozialdemokratie, von den Bernstein, David und anderen prophetisch vorausgesagt wurde. Die Genannten erblickten freilich die ersehnte Milderung und Zivilisierung des Klassenkampfes, im Geiste kleinbürgerlich-demokratischer Illusionen, darin, dass der Klassenkampf ausschließlich zu einem parlamentarischen Kampf beschränkt und die Straßenrevolution einfach abgeschafft wird. Die Geschichte hat die Lösung in einer etwas tieferen und feineren Weise gefunden: in dem Aufkommen des revolutionären Massenstreiks, der freilich den nackten brutalen Straßenkampf durchaus nicht ersetzt und nicht überflüssig macht, ihn aber bloß zu einem Moment der langen politischen Kampfperiode reduziert und gleichzeitig mit der Revolutionsperiode ein enormes Kulturwerk im genauesten Sinne dieses Wortes verbindet: die materielle und geistige Hebung der gesamten Arbeiterklasse durch die »Zivilisierung« der barbarischen Formen der kapitalistischen Ausbeutung.

So erweist sich der Massenstreik also nicht als ein spezifisch russisches, aus dem Absolutismus entsprungenes Produkt, sondern als eine allgemeine Form des proletarischen Klassenkampfes, die sich aus dem gegenwärtigen Stadium der kapitalistischen Entwicklung und Klassenverhältnisse ergibt.

(Massenstreik, Partei und Gewerkschaften, in: GW 2, 99–149)

Herr Staatsanwalt, wenn ich bei Ihnen die geringste Fähigkeit voraussetzen könnte, auf die Gedankengänge der Sozialdemokratie, auf die edlere historische Auffassung eingehen zu können, so würde ich Ihnen auseinandersetzen, was ich in jeder Volksversammlung mit Erfolg darlegte, dass Massenstreiks als eine *bestimmte Periode der Entwicklung der heutigen Verhältnisse* nicht »gemacht« werden, so wenig wie die Revolutionen »gemacht« werden. Die Massenstreiks sind eine *Etappe des Klassenkampfes*, zu der allerdings unsere heutige Entwicklung mit Naturnotwendigkeit führt. Unsere, der Sozialdemokratie, ganze Rolle ihnen gegenüber besteht darin, *diese Tendenz der Entwicklung der Arbeiterklasse zum Bewusstsein zu bringen*, damit die Arbeiter auf der Höhe ihrer Aufgabe sind, als eine geschulte, disziplinierte, reife, entschlossene und tatkräftige Volksmasse.

(Aus der Verteidigungsrede vor der Frankfurter Strafkammer am 20. Februar 1914, in: GW 3, 405)

Die Polypenarme des Kapitalismus

Krise, Imperialismus und Krieg

Rosa Luxemburgs bleibende Bedeutung ist wesentlich in ihren Beiträgen zur Weiterentwicklung der ökonomischen Theorie begründet. In welch hervorragender Weise sie die gründliche Aufarbeitung wirtschaftlicher Daten mit deren analytischer und systematischer Durchdringung zu verbinden verstand, hat sie bereits mit ihrer Dissertation über die Industrialisierung Polens unter Beweis gestellt. Trotz ihres klaren sozialistischen Standpunkts, den sie darin vertrat, zollte ihr der bürgerliche Ökonom Julius Wolf, ihr Doktorvater, dafür höchste Anerkennung. Eine Gelegenheit zur intensiven Beschäftigung mit ökonomischen Fragen bot sich mit ihrer Tätigkeit als Dozentin für Wirtschaftsgeschichte und Nationalökonomie an der Parteischule der deutschen Sozialdemokratie in Berlin ab Oktober 1907. Sie selber übte diese Tätigkeit mit wachsender Begeisterung aus, und Zeugnisse ihrer Schülerinnen und Schüler bekräftigen vor allem, wie ihre Lehrmethode darauf angelegt war, zum eigenständigen Denken anzuregen. Eine unmittelbare Frucht dieser Lehrtätigkeit ist ihre zunächst in acht Einzelbroschüren vorgelegte *Einführung in die Nationalökonomie.* Allein die Titel der einzelnen Broschüren zeigen eindrücklich, wie umfassend sich Luxemburg in Wirtschafts- und Kulturgeschichte eingearbeitet hat und wie intensiv sie – nicht zuletzt in scharfsinniger Auseinandersetzung mit bürgerlichen Ökonomen – die wesentlichen Mechanismen der kapitalistischen Ökonomie herausarbeitete. In folgenden Themenkreisen schritt sie die umfassende Thematik ab: 1. Was ist Nationalökonomie? 2. Die gesellschaftliche Arbeit; 3. Wirtschaftsgeschichtliches (Urkommunismus, Sklavenwirtschaft, Fronwirtschaft, Zunfthandwerk); 4. Der Austausch; 5. Lohnarbeit; 6. Herrschaft des Kapitals (Profitrate); 7. Krisen; 8. Tendenzen der kapitalistischen Wirtschaft.

Damit legte sie gleichzeitig die Grundlagen für ihr späteres Hauptwerk *Die Akkumulation des Kapitals*, dessen Imperialismustheorie eine wesentliche Weiterentwicklung des Marx'schen Denkens darstellt und eine beachtliche Wirkungsgeschichte bis in die jüngste Zeit hatte.

Für ein vom neoliberalen Zeitgeist kontaminiertes, marktgläubiges Denken mag bereits die Ausgangsfrage Luxemburgs bei ihrer Beschäftigung mit der Nationalökonomie Erstaunen auslösen. Erklärungsbedürftig ist für sie zunächst, warum ein Wirtschaftssystem, das auf der planlosen Anarchie von einzelnen Profitinteressen beruht, überhaupt funktionieren kann. Ihre Hauptfrage lautet: Worauf basiert die kapitalistische Wirtschaft, »die angesichts ihrer völligen Planlosigkeit, angesichts des Fehlens jeder bewussten Organisation auf den ersten Blick ein Ding der Unmöglichkeit, ein unentwirrbares Rätsel ist, sich trotzdem zu einem Ganzen fügt und existieren kann?« (Einführung in die Nationalökonomie, GW 5, 770) Letztlich erhält sich das System nur um den Preis von Begleiterscheinungen wie der Arbeitslosigkeit und durch regelmäßig wiederkehrende Krisen aufrecht, die einen vorübergehenden Ausgleich herstellen. In ihrer im Folgenden zitierten Begründung des Studiums der Nationalökonomie klingt jene zentrale Metapher an, mit deren Hilfe Karl Marx selbst das Wesen des Kapitalismus beschrieben hat: der Fetischcharakter des Kapitals (vgl. TS 244–257). Das heißt: Unter kapitalistischen Vorzeichen, im Konkurrenzkampf der Einzelkapitalien um Profit und unter der Voraussetzung der privaten Aneignung der Produktionsmittel gewinnt das, was aus den Händen und Köpfen der Menschen (der Produzenten) hervorgeht, wiederum sachliche Gewalt über sie, kehrt sich das Subjekt-Objekt-Verhältnis um und werden die Menschen zu Anhängseln ihres eigenen Produktionsapparats, zu »Hilfsschrauben ihrer eigenen Werkzeuge« (Karl Kraus). Erst diese Verselbstständigung der Mechanismen der Ökonomie jenseits des bewussten Willens der Menschen selbst, deren Intransparenz und Undurchschaubarkeit machen ein Studium der Nationalökonomie nötig.

Warum Nationalökonomie?

Warum müssen wir die Nationalökonomie als besondere Wissenschaft studieren? Solange die wirtschaftlichen Verhältnisse noch einfache waren und die wirtschaftlichen Beziehungen zwischen den Menschen sich ohne Schwierigkeiten regelten, bedurften diese Beziehungen keines wissenschaftlichen Studiums. Mit dem Beginn der kapitalistischen Wirtschaftsweise ist das anders geworden. Als Begleiterscheinung dieser Wirtschaftsweise treten Krisen auf. Auch die Arbeitslosigkeit ist eine ständige Erscheinung in der heutigen Gesellschaft. Ebenso die täglichen, ja stündlichen Preisschwankungen, durch die der eine, ohne einen Finger zu rühren, in kurzer Zeit Millionär, der andere ein Bettler wird. Diese Erscheinungen sind nicht durch die Natur gegeben, sie sind nichts Unabänderliches. Durch menschliche Einrichtungen sind sie erzeugt, sie sind Menschenwerk, und doch steht ihnen die bürgerliche Gesellschaft vollkommen ratlos gegenüber, als ob es sich um unbezwingbare Elementargewalten handelte. Wir stehen hier vor den Folgen einer anarchischen Wirtschaftsweise, die der heutigen Gesellschaft über den Kopf gewachsen ist. Das ist der Grund, weshalb wir die Verhältnisse des Wirtschaftslebens wissenschaftlich untersuchen müssen. […] Marx hat unser Ideal, das sozialistische Endziel, auf einen wissenschaftlichen Boden gestellt; aber er hat uns zugleich auch einen Wegweiser gegeben, der uns auf Schritt und Tritt in den gegenwärtigen Verhältnissen des wirtschaftlichen und politischen Kampfes zurechtweist. Das Studium der Nationalökonomie ist die Wissenschaft aller Wissenschaften; sie bereitet den Boden, auf dem wir in das Land der Zukunft marschieren.

(Vorwärts, 20. Oktober 1907, zit. nach Laschitza 1996, 289–290)

Die Akkumulation des Kapitals

»Die Zeit, als ich die ›Akkumulation‹ schrieb, gehört zu den glücklichsten meines Lebens. Ich lebte wirklich wie im Rausch, sah und hörte Tag und Nacht nichts als dieses eine Problem, das sich so schön vor mir entfaltete, und ich weiß nicht zu sagen, was mir höhere Freude gewährte: der Prozess des Denkens, wenn ich eine verwickelte Frage im langsamen Hinundherwandeln durch das Zimmer wälzte, aufmerksam beobachtet von der Mimi, die auf dem Tisch mit der roten Plüschdecke mit untergeschlagenen Pfötlein lag und das kluge Köpfchen nach mir hin- und herwandte, oder das Gestalten, das literarische Formen mit der Feder in der Hand.« (GB V, 234) So beschreibt Rosa Luxemburg selbst in einem Brief an Hans Diefenbach aus ihrer Festungshaft in Wronke die schöpferische Freude bei der Arbeit an jenem Werk, das ihren Ruhm als Ökonomin endgültig begründen sollte, mit dem sie zu einem tiefen Verständnis der weltgeschichtlichen Ereignisse ihrer Zeit beigetragen hat und dessen Wirkungsgeschichte mindestens bis in die zweite Hälfte des 20. Jahrhunderts reicht.

Rosa Luxemburg verstand sich in ihrem ökonomischen Denken dem Marxismus verpflichtet. Allerdings: Im Gegensatz zu den Dogmatikern damals wie heute, die vermeintliche Lehrsätze stupide repetieren, war für sie die Marx'sche Analyse Ausgangspunkt und Anregung zum eigenständigen Weiterdenken. In diesem Sinne schreibt sie in Franz Mehrings erster Marx-Biografie im Zusammenhang der Vorstellung der Bände II und III des *Kapital*: »Wie die ganze Weltanschauung Marxens ist sein Hauptwerk keine Bibel, mit fertigen ein für allemal gültigen Wahrheiten letzter Instanz, sondern ein unerschöpflicher Born der Anregung zur weiteren geistigen Arbeit, zum weiteren Forschen und Kämpfen um die Wahrheit.« (Mehring 2001, 355)

Luxemburg knüpft an ein Problem an, das Marx am Ende des zweiten Bandes des *Kapital* aufwirft, aber mit seinen Mitteln nicht zu lösen imstande war: das der sogenannten »erweiterten Reproduktion«. Marx hatte gezeigt, dass die Einzelkapitalien aufgrund des Konkurrenzdrucks dem Zwang zur Profiterwirtschaftung unterworfen sind, dass der gesamte Prozess der Umwandlung von Geld in Ware nur dann Sinn ergibt, wenn an seinem Ende die ursprüngliche Investition in einem Mehr an Geld (Profit) mündet (G – W – G'). Scharfsinnig hat er aufgezeigt, dass dieses »Mehr«, wenn man beim Austauschprozess der Waren (der ja ein Austausch von Äquivalenten ist) keinen plumpen Betrug unterstellen will, letztlich nur der besonderen »Ware« Arbeitskraft entspringen kann, deren »Gebrauchswert« gerade darin besteht, dass sie mehr erzeugen kann, als sie zu ihrer eigenen Reproduktion (zur Aufrechterhaltung ihres Lebens und das ihrer Nachkommen) braucht. Dieser Mehrwert ist die Quelle des Profits. Der einzelne Kapitaleigner ist nun aufgrund des Konkurrenzdrucks gezwungen, einen erheblichen Teil dieses Mehrwerts nicht zu verbrauchen, sondern zu »akkumulieren«, das heißt dem Kapitalverwertungsprozess neu zuzuführen (vgl. dazu TS 258–302). Der Mehrwert muss nun aber, um akkumuliert werden zu können, zunächst »realisiert« werden, das heißt, durch eine entsprechende Nachfrage überhaupt erst in reinvestierbares Geld verwandelt werden. *Woher aber* – so lautet die zentrale Ausgangsfrage – *soll die Nachfrage eigentlich kommen, um diesen Mehrwert als Voraussetzung der Kapitalakkumulation zu realisieren?* Woher stammt die Nachfrage, die den zweiten Zyklus der Kapitalverwertung erst ermöglicht? Scharfsinnig weist Luxemburg nun nach, dass diese notwendige Nachfrage nicht aus dem für sich betrachteten Prozess der Kapitalverwertung, aus der kapitalistischen Produktionsweise als solcher, entstammen kann, innerhalb derer es nur die beiden Gegenpole Bourgeois und Proletarier gibt. Luxemburg knüpft hier an Marx' »Unterkonsumtionstheorie« an. Dem Kapitalismus ist ein Dilemma inhärent: Einerseits ist der einzelne Kapitalist zur immer weiter fortschreitenden Akkumulation des Kapitals, zu immer größerer Expansion gezwungen, andererseits muss er, um die Profitrate zu sichern, die Löhne so weit wie möglich drücken. Das schränkt aber die Kaufkraft der Massen ein, was aber die notwendige Realisierung des Mehrwerts wiederum verhindert. Die Marx'schen Reproduktionsschemata waren letztlich nicht imstande, dieses Dilemma theoretisch aufzulösen. Luxemburg zeigt nun, dass der Kapitalismus als ein in sich geschlossenes System eine Abstraktion ist, die nicht der Wirklichkeit entspricht. Der Kapitalismus ist in ein nichtkapitalistisches Umfeld eingebettet, das noch nicht von der Dynamik der Kapitalverwertung durchdrungen ist. Und genau diese nichtkapitalistischen Bereiche und geografischen Räume sind für ihn lebensnotwendig. Aus ihnen entspringt nämlich erst die Nachfrage, die den Mehrwert realisieren kann, der wiederum dem Kreislauf der Kapitalverwertung zugeführt (»akkumuliert«) werden kann. Der Imperialismus, der Kampf der fortgeschrittenen kapitalistischen Länder um Einflusssphären in Übersee, in Gebieten, die eben noch nicht dem Kapitalverwertungsprozess unterworfen sind, ist die politische Konsequenz, der politische Ausdruck dieser Überlebensfrage des Kapitalismus selbst. Die kapitalistische Produktion ist existenziell auf nichtkapitalistische soziale Formationen in ihrer Umgebung angewiesen. Sie erzeugen die notwendige Nachfrage zur Realisierung des Mehrwerts und damit zur Kapitalakkumulation auf immer höherer Stufenleiter. Erst wenn alle nichtkapitalistischen Sphären und geografischen Räume, der gesamte Erdball, dem Kapitalverwertungsprozess unterworfen und von diesem durchdrungen ist, stößt dieser an seine inhärenten Grenzen. Damit erklärt Luxemburg die Tatsache, warum der Kapitalismus bis jetzt seinen eigenen Widersprüchen nicht erlegen ist. Und damit war sie auch imstande, den Kolonialismus, den Militarismus und die Kriegsvorbereitungen ihrer Zeit stringent als ökonomische Notwendigkeit zu erklären.

[…]
Damit tatsächlich akkumuliert, d. h. die Produktion erweitert wird, dazu ist noch eine andere Bedingung notwendig: eine *Erweiterung der zahlungsfähigen Nachfrage* nach Waren. Wo rührt nun die ständig wachsende Nachfrage her, die der fortschreitenden Erweiterung der Produktion im Marx'schen Schema zugrunde liegt?

So viel ist zunächst klar: Sie kann unmöglich von den Kapitalisten I [Produzenten der Produktionsmittel] und II [Produzenten der Konsumgüter] selbst, d. h. von ihrem persönlichen Konsum, herrühren. Im Gegenteil, die Akkumulation besteht gerade darin, dass sie einen – und zwar mindestens absolut wachsenden – Teil des Mehrwerts nicht selbst konsumieren, sondern dafür Güter schaffen, die von anderen verwendet werden. Die persönliche Konsumtion der Kapitalisten wächst zwar mit der Akkumulation, sie mag selbst dem verzehrten Wert nach wachsen. Immerhin ist es nur ein Teil des Mehrwerts, der für die Konsumtion der Kapitalisten verwendet wird. Grundlage der Akkumulation ist gerade die Nichtkonsumtion des Mehrwerts durch die Kapitalisten. Für wen produziert dieser andere, akkumulierte Teil des Mehrwerts? Nach dem Marx'schen Schema geht die Bewegung von der Abteilung I aus, von der Produktion der Produktionsmittel. Wer aber braucht diese vermehrten Produktionsmittel? Das Schema antwortet: die Abteilung II braucht sie, um mehr Lebensmittel herstellen zu können. Wer braucht aber die vermehrten Lebensmittel? Das Schema antwortet: eben die Abteilung I, weil sie jetzt mehr Arbeiter beschäftigt. Wir drehen uns offenbar im Kreise. Lediglich deshalb mehr Konsumtionsmittel herstellen, um mehr Arbeiter erhalten zu können, und lediglich deshalb mehr Produktionsmittel herstellen, um jenes Mehr an Arbeitern zu beschäftigen, ist vom kapitalistischen Standpunkt eine Absurdität. Für den einzelnen Kapitalisten ist freilich der Arbeiter ein ebenso guter Konsument, d. h. Abnehmer seiner Ware – falls er sie zahlen kann – wie ein Kapitalist oder sonst jemand. Im Preise der Ware, die er dem Arbeiter verkauft, realisiert jeder einzelne Kapitalist seinen Mehrwert genauso wie im Preise jeder Ware, die er einem anderen beliebigen Abnehmer verkauft. Nicht so vom Standpunkt der Kapitalistenklasse im Ganzen. Diese gibt der Arbeiterklasse im Ganzen nur eine Anweisung auf einen genau bestimmten *Teil* des gesellschaftlichen Gesamtprodukts im Betrage des variablen Kapitals. Wenn also die Arbeiter Lebensmittel kaufen, so erstatten sie der Kapitalistenklasse nur die von ihr erhaltene Lohnsumme, die Anweisung, bis zur Höhe des variablen Kapitals zurück. Mehr können sie nicht um einen Deut zurückgeben, eher etwas weniger, nämlich, wenn sie »sparen« können, um selbstständig, um zu kleinen Unternehmern zu werden, was jedoch eine Ausnahme ist. Einen Teil des Mehrwerts verzehrt die Kapitalistenklasse selbst in Gestalt von Lebensmitteln und behält in ihrer Tasche das dafür gegenseitig getauschte Geld. Wer aber nimmt ihr die Produkte ab, in denen der andere, kapitalisierte Teil des Mehrwerts verkörpert ist? Das Schema antwortet: zum Teil die Kapitalisten selbst, indem sie neue Produktionsmittel herstellen, behufs Erweiterung der Produktion, zum Teil neue Arbeiter, die zur Anwendung jener neuen Produktionsmittel nötig sind. Aber um neue Arbeiter mit neuen Produktionsmitteln arbeiten zu lassen, muss man – kapitalistisch – vorher einen Zweck für die Erweiterung der Produktion haben, eine neue Nachfrage nach Produkten, die anzufertigen sind.

Die Antwort kann vielleicht lauten: Der *natürliche Zuwachs der Bevölkerung* schafft diese wachsende Nachfrage … Um welche Bevölkerung handelt es sich, wenn wir von ihrem Zuwachs reden? Wir kennen hier – im Marx'schen Schema – nur zwei Bevölkerungsklassen: Kapitalisten und Arbeiter.

Der Zuwachs der Kapitalistenklasse ist ohnehin in der wachsenden absoluten Größe des verzehrten Teils des Mehrwerts inbegriffen. Jedenfalls kann er nicht den Mehrwert restlos verzehren, denn dann würden wir zur einfachen Reproduktion zurückkehren. Es bleiben die Arbeiter. Auch die Arbeiterklasse vermehrt sich durch natürlichen Zuwachs. Aber dieser Zuwachs geht die kapitalistische Wirtschaft als Ausgangspunkt wachsender Bedürfnisse an sich nichts an.

Die Produktion von Lebensmitteln zur Deckung von I und II ist nicht Selbstzweck, wie in einer Gesellschaft, wo die Arbeitenden und die Befriedigung ihrer Bedürfnisse die Grundlage des Wirtschaftssystems bilden. Nicht deshalb werden in der Abteilung II (kapitalistisch) so viel Lebensmittel produziert, weil die Arbeiterklasse von I und II ernährt werden müsse. Umgekehrt. Es können jeweilig so viel Arbeiter in I und II sich ernähren, weil ihre Arbeitskraft unter den gegebenen Absatzbedingungen verwertet werden kann. Das heißt, nicht eine gegebene Anzahl Arbeiter und ihr Bedarf sind Ausgangspunkt für die kapitalistische Produktion, sondern diese Größen selbst sind ständig schwankende »abhängige Variable« der kapitalistischen Profitaussichten. Es fragt sich also, ob der natürliche Zuwachs der Arbeiterbevölkerung auch einen neuen Zuwachs der zahlungsfähigen Nachfrage über das variable Kapital bedeutet. Das kann nicht der Fall sein. In unserem Schema ist die einzige Quelle der Geldmittel für die Arbeiterklasse das variable Kapital. Das variable Kapital begreift also im Voraus den Zuwachs der Arbeiterschaft in sich ein. Eins von beiden: Entweder sind die Löhne so bemessen, dass sie auch den Nachwuchs der Arbeiter ernähren, dann kann der Nachwuchs nicht noch einmal als Grundlage der erweiterten Produktion in Rechnung gezogen werden. Oder das ist nicht der Fall, dann müssen jugendliche Arbeiter, der Nachwuchs, selbst Arbeit liefern, um Lohn und Lebensmittel zu bekommen. Dann ist der arbeitende Nachwuchs eben in die Zahl der beschäftigten Arbeiter bereits inbegriffen. Der natürliche Zuwachs der Bevölkerung kann uns also den Akkumulationsprozess im Marx'schen Schema nicht erklären.

Doch halt! *Die Gesellschaft besteht* – auch unter der Herrschaft des Kapitalismus – *nicht bloß aus Kapitalisten und Lohnarbeitern.* Außer diesen beiden Klassen gibt es noch eine große Masse der Bevölkerung: *Grundbesitzer, Angestellte, liberale Berufe: Ärzte, Rechtsanwälte, Künstler, Wissenschaftler*, es besteht noch die *Kirche* mit ihren Dienern, der Geistlichkeit, und endlich der *Staat mit seinen Beamten* und mit dem *Militär.* Alle diese Bevölkerungsschichten sind weder den Kapitalisten noch den Lohnarbeitern im kategorischen Sinne beizuzählen. Sie müssen aber von der Gesellschaft ernährt und erhalten werden. Es werden also wohl diese außer den Kapitalisten und Arbeitern bestehenden Schichten sein, deren Nachfrage die Erweiterung der Produktion erforderlich macht. Doch ist dieser Ausweg bei näherem Zusehen nur ein scheinbarer. Die Grundbesitzer sind als Verzehrer der Rente, d. h. eines Teiles des kapitalistischen Mehrwerts, augenscheinlich der Kapitalistenklasse zuzuzählen, ihre Konsumtion ist hier, wo wir den Mehrwert in seiner ungeteilten primären Form betrachten, in der Konsumtion der Kapitalistenklasse bereits berücksichtigt. Die liberalen Berufe bekommen ihre Geldmittel, d. h. ihre Anweisungen auf einen Teil des gesellschaftlichen Produkts, meist direkt oder indirekt aus der Hand der Kapitalistenklasse, die sie mit Splittern ihres Mehrwerts abfindet. So weit sind sie als Verzehrer des Mehrwerts mit ihrer Konsumtion der Kapitalistenklasse beizuzählen. Dasselbe gilt von der Geistlichkeit, nur dass diese zum Teil ihre Mittel auch von den Arbeitenden, also aus den Arbeitslöhnen, bezieht. Endlich der Staat mit seinen Beamten und dem Militär wird aus den Steuern erhalten, diese aber liegen entweder auf dem

Mehrwerte oder auf Arbeiterlöhnen. Überhaupt kennen wir *hier* – in den Grenzen des Marx'schen Schemas – *nur zwei Quellen des Einkommens* in der Gesellschaft: *Arbeiterlöhne oder Mehrwert.* So können alle die außer den Kapitalisten und den Arbeitern angeführten Bevölkerungsschichten nur als Mitverzehrer dieser beiden Einkommensarten gelten.

[…]

Der Mehrwert kann […] nicht direkt zur Akkumulation in die Produktionsstätte übertragen, sondern *er muss erst realisiert, in Geld ausgetauscht werden.* […] Der Mehrwert muss also unbedingt die Geldform passieren, er muss die Form des Mehrprodukts erst abstoßen, ehe er sie wieder zum Zwecke der Akkumulation annimmt. Was und wer sind aber die Abnehmer des Mehrprodukts von I und II? Um nur den Mehrwert von I und II zu realisieren, muss nach dem Vorhergehenden schon ein Absatz außerhalb I und II vorhanden sein. So wäre aber der Mehrwert erst in Geld verwandelt. Damit dieser realisierte Mehrwert auch noch zur Erweiterung der Produktion, zur Akkumulation, verwendet werden kann, dazu ist eine Aussicht auf noch größeren künftigen Absatz erforderlich, der gleichfalls außerhalb I und II selbst liegt. Dieser Absatz für das Mehrprodukt muss also in jedem Jahre um die akkumulierte Rate des Mehrwertes wachsen. Oder umgekehrt: Die *Akkumulation kann nur in dem Maße stattfinden, als Absatz außerhalb I und II wächst.*

[…]

Es stimmt vollkommen, dass die Kapitalisten A und die Kapitalisten B stets einen Geldschatz allmählich anhäufen, um von Zeit zu Zeit ihr konstantes (fixes) Kapital zu erneuern, und so einander zur Realisierung ihres Produkts gegenseitig verhelfen. Aber *dieser* sich ansammelnde *Schatz fällt nicht vom Himmel.* Er ist nur der allmählich herabrieselnde Niederschlag des stufenweise auf die Produkte übertragenen

Wertes des fixen Kapitals, der mit dem Verkauf der Produkte stückweise realisiert wird. Auf diese Weise kann der angesammelte Schatz immer nur ausreichen zur Erneuerung des alten Kapitals, er kann unmöglich darüber hinaus zum Ankauf eines zuschüssigen, konstanten Kapitals dienen. Damit wären wir immer noch nicht über die Schranken der einfachen Reproduktion hinaus. Oder aber es kommt als neue zuschüssige Geldquelle ein Teil der Zirkulationsmittel hinzu, die bisher Kapitalisten zu ihrer persönlichen Konsumtion dienten und die nun kapitalisiert werden sollen. Damit kommen wir aber wieder auf den nur theoretisch denkbaren kurzen Ausnahmemoment: den Übergang von der einfachen Reproduktion zur erweiterten. Weiter als bis zu diesem Sprung kommt die Akkumulation nicht vom Fleck, wir drehen uns in der Tat nur im Zirkel.

Die kapitalistische Schatzbildung kann uns also aus der Schwierigkeit nicht heraushelfen. Und das war vorauszusehen, denn die Fragestellung selbst ist hier eine schiefe. *Es handelt sich* bei dem Problem der Akkumulation *nicht darum: Wo kommt das Geld her?, sondern darum: Wo kommt die Nachfrage für das zuschüssige Produkt her*, das aus dem kapitalisierten Mehrwert entspringt. Es ist nicht eine technische Frage der Geldzirkulation, sondern eine ökonomische Frage der Reproduktion des gesellschaftlichen Gesamtkapitals.

[…]

Die Fragestellung selbst ist also bei Marx die ganze Zeit schief gewesen. Es hat keinen ersichtlichen Zweck zu fragen: Wo kommt das Geld her, um den Mehrwert zu realisieren? Sondern die Frage muss lauten: Wo kommt die Nachfrage her, wo ist das zahlungsfähige Bedürfnis für den Mehrwert? War die Frage von Anfang an so gestellt, so hätte es nicht so langwieriger Umwege bedurft, um ihre Lösbarkeit respektive Unlösbarkeit klar hervortreten zu lassen. Unter der Annahme der einfachen Reproduktion ist die Sache einfach genug: Da der ganze Mehrwert von den Kapitalisten verzehrt wird, so sind sie eben selbst die Abnehmer, die Nachfrage für den gesellschaftlichen Mehrwert in seinem ganzen Umfang, müssen also auch das zur Zirkulation des Mehrwerts nötige Kleingeld in der Tasche haben. Aber gerade aus derselben Tatsache ergibt sich die Evidenz, dass *unter der Bedingung der Akkumulation*, d. h. der Kapitalisierung eines Teils des Mehrwerts, die *Kapitalistenklasse selbst unmöglich ihren ganzen Mehrwert abkaufen, realisieren kann.* Es stimmt schon, dass genug Geld beschafft werden muss, um den kapitalisierten Mehrwert zu realisieren – wenn er überhaupt realisiert werden soll. Aber dieses Geld kann unmöglich aus der Tasche der Kapitalisten selbst kommen. Sie sind vielmehr gerade durch die Annahme der Akkumulation *Nichtabnehmer* ihres Mehrwerts, auch wenn sie – abstrakt genommen – hierfür Geld genug in der Tasche hätten. Wer kann aber sonst die Nachfrage nach den Waren darstellen, in denen der kapitalisierte Mehrwert steckt?

»Außer dieser Klasse – der Kapitalisten – gibt es nach unserer Unterstellung allgemeine und ausschließliche Herrschaft der kapitalistischen Produktion – überhaupt keine andere Klasse als die Arbeiterklasse. Alles, was die Arbeiterklasse kauft, ist gleich der Summe ihres Arbeitslohns, gleich der Summe des von der gesamten Kapitalistenklasse vorgeschossenen variablen Kapitals.«

Die Arbeiter können also den kapitalistischen Mehrwert noch weniger realisieren als die Kapitalistenklasse. Aber irgendjemand muss ihn doch abkaufen, sollen die Kapitalisten das vorgeschossene akkumulierte Kapital immer wieder in die Hände kriegen. Und doch ist außer Kapitalisten und Arbeitern kein Abnehmer denkbar. »*Wie soll also die gesamte Kapitalistenklasse Geld akkumulieren?*« Die Realisierung des

Mehrwerts außerhalb der beiden einzig existierenden Klassen der Gesellschaft *scheint ebenso notwendig wie unmöglich.* Die Akkumulation des Kapitals ist in einen fehlerhaften Zirkel geraten. Im II. Bande des Kapitals finden wir jedenfalls keine Lösung des Problems.

[…]

Wir sehen jedoch, dass der Kapitalismus auch in seiner vollen Reife in jeder Beziehung *auf die gleichzeitige Existenz nichtkapitalistischer Schichten und Gesellschaften angewiesen ist.* Dieses Verhältnis erschöpft sich nicht durch die nackte Frage des Absatzmarktes für das »überschüssige Produkt«, wie das Problem von Sismondi und den späteren Kritikern und Zweiflern der kapitalistischen Akkumulation gestellt wurde. Der Akkumulationsprozess des Kapitals ist durch alle seine Wertbeziehungen und Sachbeziehungen: konstantes Kapital, variables Kapital und Mehrwert, *an nichtkapitalistische Produktionsformen gebunden.* Letztere bilden *das gegebene historische Milieu jenes Prozesses.* Die Kapitalakkumulation kann so wenig unter der Voraussetzung der ausschließlichen und absoluten Herrschaft der kapitalistischen Produktionsweise dargestellt werden, dass sie vielmehr ohne das nichtkapitalistische Milieu in jeder Hinsicht undenkbar ist. Freilich zeigen Sismondi und seine Nachfolger einen richtigen Instinkt für die Daseinsbedingungen der Akkumulation, wenn sie deren Schwierigkeiten einzig und allein auf die Realisierung des Mehrwerts reduzieren. Zwischen den Bedingungen dieser Letzteren und den Bedingungen der Erweiterung des konstanten und des variablen Kapitals in ihrer Sachgestalt besteht ein wichtiger Unterschied. Das Kapital kann ohne die Produktionsmittel und die Arbeitskräfte des gesamten Erdballes nicht auskommen, zur ungehinderten Entfaltung seiner Akkumulationsbewegung braucht es die Naturschätze und die Arbeitskräfte aller Erdstriche. Da diese sich *tatsäch-*

lich in überwiegender Mehrzahl in den Banden vorkapitalistischer Produktionsformen befinden – dies ist das geschichtliche Milieu der Kapitalakkumulation –, so ergibt sich daraus der ungestüme Drang des Kapitals, sich jener Erdstriche und Gesellschaften zu bemächtigen. An sich wäre der kapitalistischen Produktion z. B. auch mit kapitalistisch betriebenen Kautschukplantagen, wie sie z. B. in Indien bereits angelegt sind, gedient. Aber die tatsächliche Vorherrschaft nichtkapitalistischer Gesellschaftsverhältnisse in den Ländern jener Produktionszweige ergibt für das Kapital die Bestrebung, jene Länder und Gesellschaften unter seine Botmäßigkeit zu bringen, wobei die primitiven Verhältnisse allerdings so außerordentlich rasche und gewaltsame Griffe der Akkumulation ermöglichen, wie sie unter rein kapitalistischen Gesellschaftsverhältnissen ganz undenkbar wären.

Anders die *Realisierung des Mehrwerts*. Diese ist von vornherein *an nichtkapitalistische Produzenten und Konsumenten als solche gebunden*. Die Existenz nichtkapitalistischer Abnehmer des Mehrwerts ist also direkte *Lebensbedingung für das Kapital und seine Akkumulation*, insofern also der entscheidende Punkt im Problem der Kapitalakkumulation.

Ob aber so oder anders, faktisch ist die Kapitalakkumulation als geschichtlicher Prozess in allen ihren Beziehungen auf nichtkapitalistische Gesellschaftsschichten und -formen angewiesen.

Die *Lösung des Problems*, um das sich die Kontroverse in der Nationalökonomie fast über ein ganzes Jahrhundert zieht, liegt also zwischen den beiden Extremen: *zwischen der kleinbürgerlichen Skepsis der Sismondi, v. Kirchmann, Woronzow, Nikolaion, die die Akkumulation für unmöglich erklärten, und dem rohen Optimismus Ricardo, Say, Tugan-Baranowskys, für die der Kapitalismus sich selbst schrankenlos befruchten kann, ergo* – was nur eine logische Konsequenz – *von ewiger Dauer ist.* Die Lösung liegt, im Sinne der Marx'schen Lehre, in dem dialektischen Widerspruch, dass die kapitalistische Akkumulation zu ihrer Bewegung nichtkapitalistischer sozialer Formationen als ihrer Umgebung bedarf, in ständigem Stoffwechsel mit ihnen vorwärtsschreitet und nur so lange existieren kann, als sie dieses Milieu vorfindet.

Von hier aus können die Begriffe des inneren und auswärtigen Absatzmarktes, die im theoretischen Streit um das Problem der Akkumulation eine so hervorragende Rolle gespielt haben, revidiert werden. Innerer und äußerer Markt spielen gewiss eine große und grundverschiedene Rolle im Gang der kapitalistischen Entwicklung, jedoch nicht als Begriffe der politischen Geografie, sondern als die der sozialen Ökonomie. Innerer Markt vom Standpunkt der kapitalistischen Produktion ist *kapitalistischer Markt*, ist diese Produktion selbst als Abnehmerin ihrer eigenen Produkte und Bezugsquelle ihrer eigenen Produktionselemente. *Äußerer Markt* für das Kapital ist die *nichtkapitalistische soziale Umgebung*, die seine Produkte absorbiert und ihm Produktionselemente und Arbeitskräfte liefert. Von diesem Standpunkt, ökonomisch, sind Deutschland und England in ihrem gegenseitigen Warenaustausch füreinander meist innerer, kapitalistischer Markt, während der *Austausch zwischen der deutschen Industrie und* den deutschen *bäuerlichen Konsumenten wie Produzenten* für das deutsche Kapital *auswärtige Marktbeziehungen* darstellt. Wie aus dem Schema der Reproduktion ersichtlich, sind dies strenge, exakte Begriffe. Im innern kapitalistischen Verkehr können im besten Fall nur bestimmte Wertteile des gesellschaftlichen Gesamtprodukts realisiert werden; das verbrauchte konstante Kapital, das variable Kapital und der konsumierte Teil des Mehrwerts; hingegen muss der zur Kapitalisierung bestimmte Teil des Mehrwerts »auswärts« realisiert werden. Ist die Kapitalisierung des Mehrwerts der eigentliche Zweck und das treibende Motiv der Produktion, so ist andererseits die Erneuerung des konstanten und variablen Kapitals (sowie des konsumierten Teils des Mehrwerts) die breite Basis und die Vorbedingung jener. Und *wird* mit der internationalen Entwicklung des Kapitalismus die *Kapitalisierung des Mehrwerts immer dringender und prekärer, so wird die breite Basis des konstanten und variablen Kapitals als Masse absolut und im Verhältnis* zum Mehrwert *immer gewaltiger. Daher* die widerspruchsvolle Erscheinung, dass die alten *kapitalistischen Länder füreinander immer größeren Absatzmarkt darstellen, füreinander immer unentbehrlicher werden und zugleich einander immer eifersüchtiger als Konkurrenten in Beziehung mit nichtkapitalistischen Ländern bekämpfen.* Die Bedingungen der Kapitalisierung des Mehrwerts und die Bedingungen der Erneuerung des Gesamtkapitals treten miteinander immer mehr in Widerspruch, der übrigens nur ein Reflex des widerspruchsvollen Gesetzes der fallenden Profitrate ist.

[…]

Der Imperialismus ist der politische Ausdruck des Prozesses der Kapitalakkumulation in ihrem Konkurrenzkampf um die Reste des noch nicht mit Beschlag belegten nichtkapitalistischen Weltmilieus. Geografisch umfasst dieses Milieu heute noch die weitesten Gebiete der Erde. Gemessen jedoch an der gewaltigen Masse des bereits akkumulierten Kapitals der alten kapitalistischen Länder, das um die Absatzmöglichkeiten für seinen Mehrwert ringt, gemessen ferner an der Rapidität, mit der heute Gebiete vorkapitalistischer Kulturen in kapitalistische verwandelt werden, mit anderen Worten: gemessen an dem bereits erreichten hohen Grad der Entfaltung der Produktivkräfte des Kapitals, erscheint das seiner Expansion noch verbleibende Feld als ein geringer Rest. Demgemäß gestaltet sich das internationale Vorgehen des Kapitals auf der Weltbühne. Bei der hohen Entwicklung und der immer heftigeren Konkurrenz der kapitalistischen Länder um die Erwerbung nichtkapitalistischer Gebiete nimmt der Imperialismus an Energie und an Gewalttätigkeit zu, sowohl in seinem aggressiven Vorgehen gegen die nichtkapitalistische Welt wie in der Verschärfung der Gegensätze zwischen den konkurrierenden kapitalistischen Ländern. Je gewalttätiger, energischer und gründlicher der Imperialismus aber den Untergang nichtkapitalistischer Kulturen besorgt, umso rascher entzieht er der Kapitalakkumulation den Boden unter den Füßen. Der Imperialismus ist ebenso sehr eine geschichtliche Methode der Existenzverlängerung des Kapitals, wie das sicherste Mittel, dessen Existenz auf kürzestem Wege objektiv ein Ziel zu setzen. Damit ist nicht gesagt, dass dieser Endpunkt pedantisch erreicht werden muss. Schon die Tendenz zu diesem Endziel der kapitalistischen Entwicklung äußert sich in Formen, die die Schlussphase des Kapitalismus zu einer Periode der Katastrophen gestalten.

[…]

Je gewalttätiger das Kapital vermittels des Militarismus draußen in der Welt wie bei sich daheim mit der Existenz nichtkapitalistischer Schichten aufräumt und die Existenzbedingungen aller arbeitenden Schichten herabdrückt, umso mehr verwandelt sich die Tagesgeschichte der Kapitalakkumulation auf der Weltbühne in eine *fortlaufende Kette politischer und sozialer Katastrophen* und Konvulsionen, die *zusammen mit* den periodischen wirtschaftlichen Katastrophen in Gestalt der *Krisen* der Fortsetzung der Akkumulation zur Unmöglichkeit, die Rebellion der internationalen Arbeiterklasse gegen die Kapitalherrschaft zur Notwendigkeit machen werden, selbst ehe sie noch ökonomisch auf ihre natürliche selbstgeschaffene Schranke gestoßen ist.

(Die Akkumulation des Kapitals. Ein Beitrag zur ökonomischen Erklärung des Imperialismus, in: GW 5, 102–411)

Die Imperialismustheorie in der Kritik

Luxemburgs Hauptwerk *Die Akkumulation des Kapitals*, in dem sie ihre Imperialismustheorie entfaltete, stieß weitgehend auf Ablehnung. Insbesondere die Austromarxisten Rudolf Hilferding (auf dessen Werk *Das Finanzkapital* sich dann Lenin mit seiner Imperialismustheorie stützen sollte) und Otto Bauer, aber auch Karl Kautsky und Lenin selbst wandten sich dagegen. Zum Teil lag dieser Ablehnung das Missverständnis zugrunde, dass Luxemburg einen automatischen Zusammenbruch des Kapitalismus prognostiziere. Karl Kautsky, der herausragende Vertreter des »marxistischen Zentrums« der sozialdemokratischen Partei, betrachtete den Imperialismus eher als ein Phänomen der Rückständigkeit, ohne den Zusammenhang mit dem Wesen des Kapitalismus und seinen Verwertungsbedingungen selbst zu erkennen. Dass es dabei keineswegs um einen abstrakten akademischen Streit ging, sondern um eine für die Einschätzung der aktuellen Situation und die eigene politische Positionierung sehr folgenreiche Debatte, zeigt insbesondere Otto Bauers oder auch Anton Pannekoeks Position, die innerhalb der Zweiten Internationale nun mehrheitsfähig geworden war. Der Kapitalismus käme sehr wohl ohne Expansion aus, die Realisation des Mehrwerts sei auch innerhalb einer rein kapitalistischen Ökonomie möglich und gerade die Interessen des Weltkapitalismus seien es, die die Gefahr eines Weltkriegs verhinderten! Gemessen an dieser Position sollte Luxemburg auf erschreckende Weise recht behalten.

Angesichts dieser massiven Kritik sah sich Luxemburg jedenfalls zur weiteren Klarstellung veranlasst. Sie verfasst eine scharfsinnige *Antikritik*, die sie in einem Brief an Hans Diefenbach aus der Festungshaft in Wronke selbst folgendermaßen beurteilt: »In Wirklichkeit ist das eine Leistung, auf die ich einigermaßen stolz bin und die mich sicher überleben wird. Sie ist viel reifer als die ›Akkumulation‹ selbst: die Form zur höchsten Einfachheit gebracht, ohne jedes Beiwerk, ohne jede Koketterie und Blendwerk, schlicht, nur auf große Linien reduziert, ich möchte sagen ›nackt‹ wie ein Marmorblock.« (GB V, 1887)

Auf die unterschiedlichen Imperialismustheorien zur Zeit Luxemburgs soll hier nicht näher eingegangen werden (eine knappe Zusammenfassung mit entsprechenden Hinweisen findet sich in TS 317–320). Hervorzuheben ist jedoch, wie sehr sich seit Karl Marx selbst die Perspektive in der Betrachtung des Weltmarkts verschoben hatte! So sehr Marx auch die katastrophalen Auswirkungen der Kolonialisierung erkannte und beschrieb: Er sah in dieser Entwicklung des Weltmarkts in erster Linie eine begrüßenswerte Beschleunigung der Produktivkraftentwicklung, die ja seiner Entwicklungslogik gemäß erst die Voraussetzungen für die Etablierung eines sozialistischen Produktionsverhältnisses schuf! In diesem »revolutionären« Sinn war Marx deshalb ein entschiedener Verfechter des Freihandels, wie vor allem seine berühmte Rede für den Freihandel aus dem Jahr 1848 belegt (vgl. dazu TS 317–323). Heutige Globalisierungskritiker können sich daher eher an Rosa Luxemburg anstatt an Karl Marx orientieren.

Positiv an Luxemburgs Imperialismustheorie anknüpfen sollte erst Fritz Sternberg mit seinem umstrittenen Buch *Der Imperialismus* (vgl. dazu mit den entsprechenden Hinweisen Grebing 1991, 69–70). Wie Luxemburg selbst ging es ihm dabei letztlich um die richtige Ausrichtung der politischen Strategie. Im Gegensatz zu Luxemburg liegt sein Fokus allerdings nicht auf der Kapitalakkumulation, sondern auf der »Auslagerung« der industriellen Reservearmee, das heißt der arbeitslosen Massen, die als Überangebot an Arbeitskraft Druck auf die Löhne ausüben, aus den kapitalistischen Mutterländern in die Kolonien. Sternberg nimmt damit scharfsinnig eine Entwicklung vorweg, die erst in den 1970er-Jahren voll zur Geltung kam. Die Etablierung einer höchst ungleichen internationalen Arbeitsteilung ermöglichte in den Industrieländern steigende Löhne ohne Gefährdung der Profite und die Einbindung der Arbeiterschaft ins System auf Kosten der überausgebeuteten Menschen im Trikont.

Eine Renaissance von Luxemburgs Imperialismustheorie lässt sich vor allem in den verschiedenen Spielarten der Dependenztheorie erkennen, die als Antwort auf die Entwicklungsideologien der Sechziger- und Siebzigerjahre des 20. Jahrhunderts entstand. Sie arbeiteten im Sinne von Luxemburg heraus, dass »Unterentwicklung« kein retardiertes Stadium sei, das nach und nach durch entsprechende Industrialisierungsimpulse zu überwinden wäre, sondern die Kehrseite der Entwicklung der kapitalistischen Zentren, die essenziell darauf angewiesen sind, die sogenannte Dritte Welt auszuplündern. In diesem Sinne sprachen die Dependenztheoretiker von der »Entwicklung der Unterentwicklung«. »Entwicklung und Unterentwicklung sind weder zwei voneinander unabhängige Größen, noch zwei aufeinander folgende Stadien, sondern zwei miteinander verklammerte Prozesse. Die [...] Unterentwicklung ist die Schattenseite der nordatlantischen Entwicklung. Die nordatlantische Entwicklung ist auf der Entwicklung der Dritten Welt gegründet. Die grundlegenden Kategorien, in denen unsere Geschichte verstanden werden muss, heißen nicht Entwicklung und Unterentwicklung, sondern Herrschaft und Abhängigkeit. Das ist der springende Punkt.« (Miguez-Bonino 1977, 26–27)

Im Gegensatz zu den bekannten Imperialismustheorien ist der Standpunkt, von dem aus die Dependenztheoretiker die Situation analysieren, der der abhängigen Länder selbst: 1. Die aktuelle Situation der Abhängigkeit wird in historischer Perspektive analysiert, das heißt in ihrer Genese und in ihrem Verlauf seit der Kolonialzeit, als deren Produkt die gegenwärtige Unterentwicklung zu einem guten Teil zu verstehen ist. 2. Das Phänomen der Unterentwicklung wird als notwendige Folge und Teil der weltweiten Expansion des Kapitalismus analysiert. Unterentwicklung ist im Wesentlichen das Resultat jahrhundertelanger Integration in die weltweite kapitalistische Entwicklung, die ihrerseits auf die unterentwickelten Länder angewiesen war und ist. Unterentwicklung und Entwicklung sind funktional aufeinander bezogen. 3. Die Dependenztheorie analysiert die Verschränkung von exogenen und endogenen Faktoren aus der Perspektive der Peripherie. Spezifische Verhältnisse in den Ländern der Peripherie selbst sind unabdingbar dafür, dass die Mechanismen der externen Abhängigkeit greifen können. Die Eigentums-, Produktions- und Machtverhältnisse in der Peripherie selber, die Rolle einheimischer Eliten etc., die die Dominanz externer Faktoren allererst möglich machen, müssen in die Analyse mit einbezogen werden. 4. Die Dependenztheorie hat den Anspruch einer umfassenden Analyse, die neben den ökonomischen Aspekten auch die politischen, gesellschaftlichen, kulturellen und ideologischen Komponenten berücksichtigt. Sie geht interdisziplinär vor und ist im Gegensatz zu jedem ökonomischen Reduktionismus von der Einsicht geleitet, dass die Durchdringung der Länder der Peripherie durch die Strukturen des internationalen Kapitals auf den unterschiedlichen genannten Ebenen stattfindet.

Aus heutiger Perspektive allerdings müsste diese Geschichte der ökonomischen Abhängigkeit viel stärker unter dem Gesichtspunkt der ökologischen Zerstörung und der Ausplünderung natürlicher Ressourcen (inklusive des fruchtbaren Bodens im Zuge des sogenannten *landgrabbings*) neu geschrieben werden. Vor allem aber ist die Entwicklung des Weltmarktes, das, was man verharmlosend und verschleiernd »Globalisierung« nennt, von ihren ökologischen Grenzen her neu zu bedenken. Die dem Kapitalismus selbst eingeschriebene Dynamik der Kapitalakkumulation auf immer höherer Stufenleiter war es, die die Sprengung aller nationalen Grenzen erforderte. Eine wesentliche Voraussetzung dieser »Weltmarktintegration« ist aber ein entsprechendes Maß an Transport, internationalem Verkehr, Mobilität und eine entsprechend ausdifferenzierte internationale Arbeitsteilung. Dies ist angesichts der knapper werdenden fossilen Energien eine Achillesferse des weltweit durchgesetzten Kapitalismus. Zum ersten Mal stößt er an eine von außen gesetzte, physikalische Grenze, die seine Verwertungsbedingungen und seinen Weiterbestand infrage stellt.

Der heutige Imperialismus ist nicht […] der erste Auftakt zur Expansion des Kapitals, sondern nur der letzte Abschnitt eines geschichtlichen Expansionsprozesses: […] Wie die Entdeckung Amerikas und des Seeweges nach Indien nicht bloß eine prometheische Leistung des menschlichen Geistes und der Kultur war, als welches sie in der liberalen Legende erscheint, sondern unzertrennlich davon, eine Serie herodischer Massenmorde an den primitiven Völkern der Neuen Welt und grandiosen Sklavenhandels mit den Völkern Afrikas und Asiens, so ist in der imperialistischen Schlussphase die wirtschaftliche Expansion des Kapitals unzertrennlich von der Serie Kolonialeroberungen und Weltkriege, die wir erleben. Das Kennzeichen des Imperialismus als des letzten Konkurrenzkampfes um die kapitalistische Weltherrschaft ist nicht bloß die besondere Energie und Allseitigkeit der Expansion, sondern – dies das spezifische Anzeichen, dass der Kreis der Entwicklung sich zu schließen beginnt – das Zurückschlagen des Entscheidungskampfes um die Expansion aus den Gebieten, die ihr Objekt darstellen, in ihre Ursprungsländer. Der Imperialismus führt damit die Katastrophe als Daseinsform aus der Peripherie der kapitalistischen Entwicklung nach ihrem Ausgangspunkt zurück. Nachdem die Expansion des Kapitals vier Jahrhunderte lang die Existenz und die Kultur aller nichtkapitalistischen Staaten in Asien, Afrika, Amerika und Australien unaufhörlichen Konvulsionen und dem massenhaften Untergang preisgegeben hatte, stürzt sie jetzt die Kulturvölker Europas selbst in eine Serie von Katastrophen, deren Schlussergebnis nur der Untergang der Kultur oder der Übergang zur sozialistischen Produktionsweise sein kann. Im Lichte dieser Auffassung gesehen, gestaltet sich die Stellung des Proletariats gegenüber dem Imperialismus zur Generalauseinandersetzung mit der Kapitalherrschaft. Die taktische Richtschnur seines Verhaltens ist gegeben durch jene geschichtliche Alternative.

(Die Akkumulation des Kapitals oder Was die Epigonen aus der Marxschen Lehre gemacht haben. Eine Antikritik, in: GW 5, 520–521)

»Nein, auf unsere Brüder schießen wir nicht!«

Kapitalismus und Krieg

Luxemburgs konsequenter Antimilitarismus ist möglicherweise der wichtigste Teil ihres geistigen Erbes, das heute dringend anzueignen wäre. Scharfsinnig erkennt sie den inneren Zusammenhang zwischen der Sicherung der Verwertungsbedingungen des Kapitals und dem Krieg. Im Sinne ihrer Imperialismustheorie begreift sie, dass die Kriegsvorbereitung konsequent aus der Konkurrenz um die Unterwerfung der Kolonien hervorgeht, die lebensnotwendig für den Fortbestand des Kapitalismus sind, sie begreift den Stellenwert der Rüstungsindustrie als Kapitalanlage und nicht zuletzt die Funktion von Kriegen zur Verfestigung der Klassenherrschaft im Inneren. Karl Marx hatte in seiner Erörterung der »ursprünglichen Akkumulation« die Gewalt bereits als Geburtshelferin des Kapitalismus entlarvt (vgl. TS 310–316). Im selben Sinne zeigt Luxemburg, dass der Krieg die notwendige Begleiterscheinung und Folge der Expansion des Kapitalismus ist. Hier zeigt die bürgerliche Gesellschaft ihr wahres Gesicht, und im Krieg sieht Luxemburg den von Friedrich Engels als Möglichkeit ins Auge gefassten »Rückfall in die Barbarei«. Für Luxemburg war klar, dass die brutale kapitalistische Expansion in den Kolonialländern auf die Mutterländer selbst zurückschlägt, sobald hier ein zentraler Gegensatz entsteht. Dieser war dann mit der raschen industriellen Aufholjagd Deutschlands gegeben. Bereits im Zusammenhang der Revisionismusdebatte mit Eduard Bernstein insistiert Luxemburg deshalb darauf, dass der Antimilitarismus essenziell zum Selbstverständnis der Sozialdemokratie gehört. Dennoch sind Aufrüstung und Kriegseintritt Deutschlands Anlass zum großen »Sündenfall« der Sozialdemokratie, die dem patriotischen Taumel erliegt. Luxemburg kämpft unermüdlich, auf der Ebene der Zweiten Internationale und innerhalb der deutschen Sozialdemokratie, und verzweifelt schier am immer deutlicher werdenden Rechtsruck. Das Proletariat sieht sie als einzigen Machtfaktor, der den Krieg verhindern könnte, und gerade im Rückblick auf die »Urkatastrophe des 20. Jahrhunderts« sieht man Luxemburgs Auffassung bestätigt, dass eine geschlossene und konsequente Haltung der in der Zweiten Internationale vereinten Parteien die Chance zur Verhinderung des Krieges geboten hätte. Das heute oftmals gezeichnete Bild von der allgemeinen Kriegsbegeisterung im August 1914 ist natürlich höchst einseitig und entspricht lediglich einer Momentaufnahme einer bestimmten gesellschaftlichen Schicht. Allein die Antikriegskundgebungen am 28. Juli 1914, die in verschiedenen großen Städten weit über 100 000 Arbeiter mobilisierten, sollten imstande sein, die Vorstellung von einem Kriegstaumel der gesamten Gesellschaft zu korrigieren. Dennoch erwies sich gerade Luxemburgs Vertrauen auf den richtigen Instinkt und die Kraft der proletarischen Massen als Illusion. In Österreich resigniert Victor Adler vor dem Nationalismus in den eigenen Reihen. In Frankreich wurde Jacques Jaurés ermordet ... Das Finanzkapital, die Rüstungsindustrie und die Militärs erkannten bald, dass von den Parteien der Internationale kaum Widerstand gegen den Krieg zu erwarten war. In Deutschland hatte die Fraktion der Sozialdemokraten bereits am 30. Juni 1913 die Vorlage für die neuen Militärausgaben gebilligt. Am 1. August 1914 rief der Parteivorstand in einem Brief die Arbeiter dazu auf, die Arbeitskämpfe auszusetzen, und sprach von einem legitimen Verteidigungskrieg. Am 4. August schließlich, einen Tag nach der Kriegserklärung Deutschlands an Frankreich, stimmte die sozialdemokratische Fraktion mit Ausnahme Karl Liebknechts den Kriegskrediten zu. Luxemburg erwägt in dieser Situation sogar eine demonstrative Selbsttötung, von der sie allerdings vor allem Luise Kautsky abhält. Stattdessen wird die kleine Schar der Kriegsgegner – Karl Liebknecht, Clara Zetkin, Rosa Luxemburg – den innerparteilichen Kampf aufnehmen. Rosa Luxemburg tut dies aus der Gefängnishaft heraus, nicht zuletzt mit ihrer »Junius-Broschüre«. Die kriegsbefürwortende Haltung der Sozialdemokratie hatte sich allerdings schon recht früh abgezeichnet. Exemplarisch für die Anbiederung sozialdemokratischer Politiker ist etwa die Rede des Reichstagsabgeordneten Karl von Einem aus dem Jahr 1904:

»Sie können künftig keinen siegreichen Krieg ohne uns schlagen [...] Wenn Sie siegen, siegen Sie mit uns und nicht gegen uns [...] Wenn der Krieg ein Angriffskrieg werden sollte, ein Krieg, in dem es sich dann um die Existenz Deutschlands handelte, dann – ich gebe Ihnen mein Wort – sind wir bis zum letzten Mann und selbst die Ältesten unter uns bereit, die Flinte auf die Schulter zu nehmen und unseren deutschen Boden zu verteidigen ... [Kurz 1999, 339]

Dass Imperialismus und Krieg gerade unter Berufung auf das Interesse der Arbeiterschaft befürwortet und legitimiert wurden, ist für eine schonungslose Selbstreflexion der Linken besonders bedenkenswert. Man konnte sich dabei sogar – allerdings zu Unrecht, wie ich meine – auf Karl Marx selbst berufen, der ja in seiner Geschichtsauffassung davon ausging, dass erst auf dem Boden der vollen Entwicklung der Produktivkräfte, für die der Kapitalismus zu sorgen hat, die Etablierung eines sozialistischen Gesellschaftsverhältnisses möglich sei. Und genau aus diesem Grund trat er für den Freihandel und die Entwicklung der Weltmärkte ein, die diesen Gang der Geschichte beschleunigen sollten. Dies führte dann zur fatalen Konsequenz, Imperialismus und Krieg gerade unter dem Vorzeichen der ureigenen Interessen der Arbeiterschaft zu akzeptieren, wie dies etwa die Äußerung des Sozialdemokraten August Winnig belegt:

»Nicht der Kapitalismus war die treibende Kraft unseres Drängens zu den Weltmärkten, sondern der deutsche Arbeiter. Nicht der deutsche Materialismus war der Urheber der politischen Spannung, die sich jetzt im Krieg entlud, sondern die 20 Millionen Deutsche, die von der Arbeit ihrer Hände leben mussten.« [zitiert nach Kurz 1999, 359]

Die vor Patriotismus schwitzenden Verse deutscher »Arbeiterdichter« sind wohl der unappetitlichste Ausdruck dieser Haltung.

Die Kehrseite der zutreffenden Analyse Luxemburgs, dass der Krieg die logische Konsequenz der imperialistischen Konkurrenz sei, war allerdings, dass sie alle diplomatischen Bemühungen zur Eindämmung des Konflikts als bürgerliche Scheinmanöver abtat. Und sie versäumte es aus eben demselben »Klassenstandpunkt« heraus, eine Allianz mit bürgerlichen pazifistischen Kräften anzustreben. Dies mag man ihr rückblickend als politischen Irrtum ankreiden.

Die Aktualität von Luxemburgs Antimilitarismus liegt auf der Hand. Heute stehen die internationalen Konflikte vor allem unter dem Vorzeichen des Kampfes um immer knapper werdende Rohstoffe. Sowohl die neue Doktrin der NATO als auch die diversen Weißbücher der Bundeswehr stellen unmissverständlich fest, dass die Sicherung von ökonomischen Interessen, Handlungswegen und des ungehinderten Zugangs zu essenziellen Rohstoffen Zweck der »Verteidigung« sei. Pläne für künftige Ressourcenkriege liegen längst in den Schubladen der militärischen Planer, wie etwa das »European Defense Paper« der – immer noch als friedenssicherndes Staatenbündnis propagierten – europäischen Union aus dem Jahr 2004 belegt (vgl. Zumach [2]2005). Ausgerechnet das Zentrum für Transformation der Bundeswehr macht auf die sicherheitspolitischen Konsequenzen des Wegbrechens fossiler Energiequellen und der daraus resultierenden Instabilität der Ökonomie aufmerksam. Angesichts dieser sehr realistischen Gefahr globaler Konflikte wäre eine präventive Abrüstung dringlicher denn je.

Der Militarismus als kapitalistische Krankheit

Im innerparteilichen Streit um eine konsequente antimilitaristische Haltung profilierte sich Luxemburg bereits sehr früh in ihrer Auseinandersetzung mit dem Reichstagsabgeordneten Max Schippel, der für die Erweiterung und Entwicklung des bestehenden Militärsystems eintrat. In einer Serie von Artikeln in der Leipziger Volkszeitung unter dem Titel *Miliz und Militarismus* im Jahr 1899 kritisierte sie

Schippels Position scharf. Den Opportunismus in Fragen der Militarisierung sah Luxemburg durchaus im Zusammenhang der umfassenderen Revisionismusdebatte. Innerhalb der Reichstagsfraktion und der Parteiführung erntete Luxemburg zum damaligen Zeitpunkt noch vorwiegend Zustimmung für ihre Haltung.

Wenn wir die Geschichte betrachten, nicht wie sie hätte sein können oder sollen, sondern wie sie tatsächlich war, so müssen wir konstatieren, dass der Krieg den unentbehrlichen Faktor der kapitalistischen Entwicklung bildete.

(Sozialreform oder Revolution?, GW 1/1, 396)

[Für die Kapitalistenklasse] ist heute der Militarismus in dreifacher Beziehung unentbehrlich geworden: erstens als Kampfmittel für konkurrierende ›nationale‹ Interessen gegen andere nationale Gruppen, zweitens als wichtigste Anlageart ebenso für das finanzielle wie für das industrielle Kapital, und drittens als Werkzeug der Klassenherrschaft im Inlande gegenüber dem arbeitenden Volke – alles Interessen, die mit dem Fortschritt der kapitalistischen Produktionsweise an sich nichts gemein haben. Und was am besten wiederum diesen spezifischen Charakter des heutigen Militarismus verrät, ist erstens sein allgemeines Wachstum in allen Ländern um die Wette, sozusagen durch eigene, innere, mechanische Triebkraft, eine Erscheinung, die noch vor ein paar Jahrzehnten ganz unbekannt war, ferner die Unvermeidlichkeit, das Fatale der herannahenden Explosion bei gleichzeitiger völliger Unbestimmtheit des Anlasses, der zunächst interessierten Staaten, des Streitgegenstandes und aller näheren Umstände. Aus einer Triebkraft der kapitalistischen Entwicklung ist auch der Militarismus zur kapitalistischen Krankheit geworden.

(Sozialreform oder Revolution?, GW 1/1, 397–398)

Bereits im Jahr 1899 forderte Bernhard Fürst von Bülow ganz offen im Reichstag die Vorbereitung auf den militärischen Kampf um die Aufteilung der Welt. Für Deutschland sei die Zeit der demütigen Zurückhaltung vorbei. Die berühmte »Hunnenrede« Kaiser Wilhelms II., in der er 1900 zur Schonungslosigkeit bei der Unterwerfung der chinesischen Provinz Shantung aufforderte, war ein besonders brutaler Ausdruck dieser imperialistischen Kriegsbereitschaft. In diesem Klima trat Luxemburg als unerschrockene Versammlungsrednerin auf. Auf dem Mainzer Parteitag 1900 hatte sie allerdings vergeblich versucht, die halbherzige Haltung der Sozialdemokratie zu diesen Entwicklungen zu verändern. Erfolgreicher war ihr Kampf auf der Ebene der Zweiten Internationale, die schließlich im Jahr 1907 eine hauptsächlich von Luxemburg ausgearbeitete Resolution zum Friedensengagement herausgab, der auch August Bebel für die deutsche Sozialdemokratie zustimmte. Darin heißt es wörtlich:

»Droht der Ausbruch eines Krieges, so sind die arbeitenden Klassen und deren parlamentarische Vertretungen in den beteiligten Ländern verpflichtet, unterstützt durch die zusammenfassende Tätigkeit des Internationalen Büros, alles aufzubieten, um durch die Anwendung der ihnen am wirksamsten erscheinenden Mittel den Ausbruch des Krieges zu verhindern, die sich je nach der Verschärfung des Klassenkampfes und der Verschärfung der allgemeinen politischen Situation naturgemäß ändern. Falls der Krieg dennoch ausbrechen sollte, ist es die Pflicht, für dessen rasche Beendigung einzutreten und mit allen Mitteln dahin zu streben, die durch den Krieg herbeigeführte wirtschaftliche und politische Krise zur Aufrüttelung des Volkes auszunutzen und dadurch die Beseitigung der kapitalistischen Klassenherrschaft zu beschleunigen.« (zit. nach Laschitza 1996, 280)

Luxemburgs Einsicht in den Zusammenhang von Militarismus und Kolonialpolitik veranlasste sie allerdings zur Distanzierung von »bürgerlichen Friedensschwärmern«. Sie vergab damit zumindest die Chance, die Kriegstreiber mittels der Forderung nach Rüstungsbeschränkungen und internationalen Schiedsgerichten zu entlarven, und sie verbaute sich die Möglichkeit von Bündnissen mit dem bürgerlichen pazifistischen Lager.

Der Weltmachtkoller, der gewisse Kreise in Deutschland ergriffen hat, begnügt sich nicht mehr mit tollen Zukunftsfantasien, worin Deutschland als erste Kolonial- und Seemacht England ebenbürtig an der Seite oder gar auf dessen Trümmern steht. Sein Blick richtet sich jetzt prüfend auf die *Vergangenheit*, und diese erscheint vom Standpunkte des Kolonialfiebers als eine einzige große *Unterlassungssünde*.

(Bismarcks Sünden, GW 1/1, 682)

Heute erhitzen sich dieselben Staatsmänner und dieselben Parlamente für ein kolonialpolitisches Abenteuer, das die Völker dicht an den Rand des Abgrundes eines Weltkrieges bringt, und der freisinnige Chor in Deutschland begeistert sich ebenso für dieses kriegsschwangere Abenteuer wie früher für die Friedensdeklamationen. Dieser plötzliche Szenenwechsel zeigt wieder einmal, dass Abrüstungsvorschläge und Friedenskundgebungen der kapitalistischen Welt nichts anderes sind und sein können als gemalte Kulissen, die zuweilen in den Kram der politischen Komödie passen mögen, die aber zynisch auf die Seite geschoben werden, wenn das Geschäft ernst wird. Von dieser kapitalistischen Gesellschaft irgendwelche Friedenstendenzen erhoffen und im Ernst auf sie bauen wäre für das Proletariat die törichste Selbsttäuschung, der es anheimfallen könnte.«

(Marokko, in: GW 3, 22–23)

»Ein Sozialdemokrat flieht nicht!« – Rede vor der Frankfurter Strafkammer

Das Finanzkapital, die Rüstungsindustrie und die Militärs ließen die Sektkorken knallen, als die sozialdemokratische Reichstagsfraktion am 30. Juni 1913 ihre Zustimmung zu den beantragten Militärausgaben gab. Einzig Karl Liebknecht wies im Reichstag unbeirrt auf den Zusammenhang von Profitinteressen, Aufrüstung und Kriegspropaganda hin. Rosa Luxemburg drängte die Partei, die seit dem Jenaer Parteitag einem deutlichen Rechtsruck unterlegen war, zur Einhaltung der internationalen Antikriegsbeschlüsse und setzte ihr Vertrauen auf den Widerstand der Arbeiterklasse. Am 24., 25. und 26. September 1913 trat Luxemburg in Hanau, in Fechenheim (bei Frankfurt a. M.) und in Frankfurt-Bockenheim als Rednerin auf. Im Kriegsfall, so Luxemburg, gelte es, dass Arbeiter nicht auf ihre Brüder schießen dürfen. Luxemburg setzte auf einen Massenstreik im Falle eines Kriegsausbruchs. Ihre Auftritte als Rednerin veranlassten Redakteure der national gesinnten evangelischen Zeitung *Frankfurter Warte* dazu, den Staatsanwalt zu informieren und die Anklage Luxemburgs wegen Hochverrats zu fordern. Die Staatsanwaltschaft leitete daraufhin tatsächlich ein Ermittlungsverfahren ein, das schließlich am 27. November 1913 zur Anklage führte. Die Hauptverhandlung wurde für den 20. Februar 1914 anberaumt. Verteidigt wurde Luxemburg von den Rechtsanwälten Paul Levi und Kurt Rosenzweig. Der »Staatsfeindin Nr. 1« wurde ein »Attentat auf den Lebensnerv unseres Staates« vorgeworfen. Luxemburg wird schließlich zu insgesamt 14 Monaten Haft verurteilt. Diese Haftstrafe wird sie allerdings erst im Februar 1915 antreten. Ihre rhetorisch brillante Verteidigungsrede sei hier im Wortlaut und in Gänze zitiert. Geschickt gibt sie den Vorwurf der »Hetze« an die richtige Adresse zurück. Vor allem aber macht sie deutlich, dass nicht der Kadavergehorsam des Soldaten, sondern der Wille der Volksmassen selbst die Grundlage des Staates ist und dass ohne diesen Willen der Bevölkerung bzw. der Arbeiter selbst kein Krieg geführt werden kann. Während für Luxemburg die Alternative zum stehenden Heer noch die Volksmiliz war, so wäre heute in ihrem Sinne die konsequente Aktualisierung dieser »demokratischen Auffassung« m. E. das Konzept der »sozialen Verteidigung« (vgl. Ebert 1981), das im Kalten Krieg als Alternative zur militärischen Verteidigung entwickelt wurde. Es geht davon aus, dass ein Aggressor nicht einfach ein Territorium erobern will, sondern nur dann erfolgreich ist, wenn er die betreffende Bevölkerung kontrolliert. Effektive Verteidigung hat deshalb nicht auf bewaffnete militärische Abwehr zu setzen, sondern auf die Weigerung der Bevölkerung, sich zu unterwerfen, die in vielfachen Formen zivilen Ungehorsams zum Ausdruck kommt.

Meine Verteidiger haben die Tatbestandsmerkmale der Anklage auf ihre Nichtigkeit hin juristisch hinreichend beleuchtet. Ich möchte deshalb die Anklage von einer anderen Seite beleuchten. Sowohl in der heutigen mündlichen Ausführung des Herrn Staatsanwalts wie in seiner schriftlichen Anklage spielt nicht bloß der Wortlaut meiner inkriminierten Äußerungen eine große Rolle, sondern noch mehr *die Auslegung* und die Tendenz, die diesen Worten innegewohnt haben soll. Wiederholt und mit dem größten Nachdruck betonte der Herr Staatsanwalt das, was ich nach seiner Auffassung *wusste und wollte*, während ich meine Äußerungen in jener Versammlung machte. Nun, über dieses innere psychologische Moment meiner Rede, über mein Bewusstsein ist wohl niemand kompetenter als ich und mehr in der Lage, vollen und gründlichen Aufschluss zu geben.

Und ich will im Voraus bemerken: Ich bin sehr gerne bereit, dem Herrn Staatsanwalt und Ihnen, meine Herren Richter, vollen Aufschluss zu geben. Um die Hauptsache vorwegzunehmen, möchte ich erklären, dass das, was der Herr Staatsanwalt hier, gestützt auf die Aussagen seiner Kronzeugen, als meine Gedankengänge, als meine Absichten und meine Gefühle geschildert hat, nichts als *ein plattes, geistloses Zerrbild sowohl meiner Reden wie der sozialdemokratischen*

Agitationsweise im Allgemeinen war. Als ich diesen Ausführungen des Staatsanwalts lauschte, da musste ich innerlich lachen und denken: Hier haben wir wieder ein klassisches Beispiel dafür, wie wenig formale Bildung ausreicht, um die sozialdemokratischen Gedankengänge, um unsere Ideenwelt in ihrer ganzen Kompliziertheit, wissenschaftlichen Feinheit und historischen Tiefe zu begreifen, wenn die soziale Klassenzugehörigkeit diesen Umständen hindernd im Wege steht. Hätten Sie, meine Herren Richter, den einfachsten ungebildeten Arbeiter aus jenen Tausenden gefragt, die meinen Versammlungen beiwohnten, er hätte Ihnen ein ganz anderes Bild, einen ganz anderen Eindruck von meinen Ausführungen wiedergegeben. Ja, die schlichten Männer und Frauen des arbeitenden Volkes sind wohl imstande, unsere Gedankenwelt in sich aufzunehmen, die sich im Hirn eines preußischen Staatsanwalts wie in einem schiefen Spiegel als ein Zerrbild reflektiert. Ich will dies jetzt eingehender an einigen Punkten nachweisen.

Der Herr Staatsanwalt hat mehrmals wiederholt, dass ich die Tausende meiner Zuhörer, schon bevor jene inkriminierte Äußerung gefallen ist, die den Höhepunkt meiner Rede gebildet haben soll, »maßlos aufgehetzt« hätte. Darauf erkläre ich: *Herr Staatsanwalt, wir Sozialdemokraten hetzen überhaupt nicht auf!* Denn was heißt »hetzen«? Habe ich etwa den Versammelten einzuschärfen versucht: Wenn ihr im Kriege als Deutsche in Feindesland, zum Beispiel nach China, kommt, dann haust so, dass kein Chinese nach hundert Jahren wagt, einen Deutschen mit scheelem Blick anzusehen? Hätte ich *so* gesprochen, dann wäre das allerdings eine Aufhetzung. Oder habe ich vielleicht den versammelten Massen den nationalen Dünkel, den Chauvinismus, die Verachtung und den Hass für andere Rassen und Völker aufzustacheln gesucht? Das wäre allerdings eine Aufhetzung gewesen.

Aber so sprach ich nicht und so spricht nie ein geschulter Sozialdemokrat. Was ich in jenen Frankfurter Versammlungen tat und was wir Sozialdemokraten stets in Wort und Schrift tun, das ist: Aufklärung verbreiten, den arbeitenden Massen ihre Klasseninteressen und ihre geschichtlichen Aufgaben zum Bewusstsein bringen, sie auf die großen Linien der historischen Entwicklung, auf die Tendenzen der ökonomischen, politischen und sozialen Umwälzungen hinweisen, die sich im Schoße unserer heutigen Gesellschaft vollziehen, die mit eherner Notwendigkeit dazu führen, dass auf einer gewissen Höhe der Entwicklung die bestehende Gesellschaftsordnung beseitigt und an ihre Stelle die höhere sozialistische Gesellschaftsordnung gesetzt werden muss. So agitieren wir, so heben wir durch die adelnde Wirkung der geschichtlichen Perspektiven, auf deren Boden wir uns stellen, auch das sittliche Leben der Massen. Von denselben großen Gesichtspunkten führen wir – weil sich bei uns Sozialdemokraten alles zu einer harmonischen, geschlossenen, *wissenschaftlich fundierten Weltanschauung fügt – auch unsere Agitation gegen den Krieg und den Militarismus.* Und wenn der Herr Staatsanwalt mit seinem armseligen Kronzeugen das alles als eine simple Hetzarbeit auffasst, so liegt das Rohe und Simplistische dieser Auffassung einzig und allein an der *Unfähigkeit des Staatsanwalts, in sozialdemokratischen Bahnen zu denken.*

Ferner hat der Herr Staatsanwalt mehrfach meine angeblichen Hinweise auf den »*Vorgesetztenmord*« herangezogen. Diese versteckten, aber jedermann verständlichen Hinweise auf den Offiziersmord sollen ganz besonders meine schwarze Seele und die hohe Gefährlichkeit meiner Absichten enthüllen. Nun, ich bitte Sie, für einen Augenblick sogar die Richtigkeit der mir in den Mund gelegten Äußerung anzunehmen, dann müssen Sie sich bei einiger Überlegung sagen, dass der Staatsanwalt hier eigentlich – im löblichen Bestreben, mich möglichst schwarz zu malen – völlig aus der Rolle gefallen ist. Denn wann und gegen *welche* »Vorgesetzten« soll ich zum Mord aufgefordert haben? Die Anklage selbst behauptet, ich hätte die Einführung des Milizsystems in Deutschland befürwortet, hätte in diesem System als das Wesentliche die Pflicht bezeichnet, den Mannschaften die Handwaffe – wie dies in der Schweiz geschieht – mit nach Hause zu geben. Und daran – wohlgemerkt: *daran* – soll ich den Hinweis geknüpft haben, dass die Waffe auch einmal nach einer anderen Richtung losgehen könnte, als den Herrschenden lieb ist. Es ist also klar: Der Herr Staatsanwalt beschuldigt mich, zum Morden nicht gegen die Vorgesetzten des heutigen Heeressystems, sondern – gegen die Vorgesetzten der *künftigen deutschen Milizheere aufgestachelt zu haben*! Unsere Propaganda des Milizsystems wird aufs Schärfste bekämpft und wird mir gerade in der Anklage als Verbrechen angerechnet. Und gleichzeitig fühlt sich der Staatsanwalt veranlasst, sich des durch mich bedrohten Lebens der Offiziere dieses verpönten Milizsystems anzunehmen. Noch ein Schritt und der Herr Staatsanwalt wird im Eifer des Gefechts gegen mich Anklage erheben, dass ich zu *Attentaten auf den Präsidenten der künftigen deutschen Republik aufgestachelt habe*!

Was habe ich aber in Wirklichkeit von dem sogenannten Vorgesetztenmord ausgeführt? Etwas total anderes! Ich hatte in meiner Rede darauf hingewiesen, dass der heutige Militarismus von seinen offiziellen Verfechtern gewöhnlich mit der Phrase von der notwendigen Vaterlandsverteidigung begründet wird. Wäre dieses Vaterlandsinteresse ehrlich und aufrichtig gemeint, dann – so führte ich aus – brauchten die herrschenden Klassen ja nichts anderes zu tun, als die alte Programmforderung der Sozialdemokratie, das Milizsystem, in die Tat umzusetzen. Denn nur dieses sei die einzige sichere Gewähr für die Verteidigung des Vaterlandes, da nur das freie Volk, das aus eigenem Entschlusse gegen den Feind ins Feld rückt, ein ausreichendes und zuverlässiges Bollwerk ist für die Freiheit und Unabhängigkeit des Vaterlandes. Nur dann könne es heißen: Lieb Vaterland, magst ruhig sein! Weshalb also, so frug ich, wollen die offiziellen Vaterlandsverteidiger von diesem einzig wirksamen System der Verteidigung nichts hören? Nur deshalb, weil es ihnen eben nicht in erster und nicht in zweiter Linie auf die Vaterlandsverteidigung ankommt, sondern auf imperialistische Eroberungskriege, zu denen die Miliz allerdings nichts taugt. Und ferner scheuen sich wohl deshalb die herrschenden Klassen, dem arbeitenden Volke die Waffen in die Hand zu drücken, weil das böse Gewissen der Ausbeuter sie befürchten lässt, die Waffe könnte auch einmal nach einer Richtung hin losgehen, die den Herrschenden nicht lieb ist.

Also das, was ich als die *Befürchtung der herrschenden Klassen formuliert* hatte, wird mir jetzt vom Staatsanwalt auf das Wort seiner unbeholfenen Kronzeugen hin als meine eigene Auffassung imputiert! Hier haben Sie wieder einen Beweis dafür, welchen Wirrwarr in seinem Hirn die absolute Unfähigkeit angerichtet hat, der Gedankenbahn der Sozialdemokratie zu folgen.

Ebenso grundfalsch ist die Behauptung der Anklage, ich hätte das *holländische Beispiel* empfohlen, wonach es in der Kolonialarmee dem Soldaten freisteht, einen ihn misshandelnden Vorgesetzten niederzumachen. In Wirklichkeit sprach ich damals im Zusammenhang mit dem Militarismus und den Soldatenmisshandlungen von unserem unvergesslichen Führer *Bebel* und wies darauf hin, dass eines der wichtigsten Kapitel seines Lebenswerkes der Kampf im Reichstag gegen Soldatenschinder war, wobei ich zur Illustration aus dem stenografischen Bericht über die Reichstagsverhandlungen – und diese sind, soviel ich weiß, gesetzlich erlaubt – mehrere

Reden Bebels zitierte, unter anderem auch jene Ausführungen aus dem Jahre 1893 über den Brauch in der holländischen Kolonialarmee. Sie sehen, meine Herren, auch hier hat sich der Staatsanwalt in seinem Eifer vergriffen: Er hat jedenfalls seine Anklage nicht gegen mich, sondern gegen einen anderen erheben sollen.

Doch ich komme zum springenden Punkt der Anklage. Der Herr Staatsanwalt leitet seinen Hauptbegriff: *die Behauptung*, als hätte ich in der inkriminierten Äußerung *die Soldaten aufgefordert, im Kriegsfalle entgegen dem Befehl nicht auf den Feind zu schießen*, von einer Deduktion ab, die ihm offenbar von unwiderleglicher Beweiskraft und von zwingender Logik zu sein scheint. Er deduziert folgendermaßen: Da ich gegen den Militarismus agitierte, da ich den Krieg verhindern wollte, so konnte ich offenbar keinen anderen Weg, kein anderes Mittel im Auge haben als die Aufforderung direkt an die Soldaten: Wenn euch befohlen wird zu schießen – schießt nicht! Nicht wahr, meine Herren Richter, welcher knappe überzeugende Schluss, welche unwiderstehliche Logik! Und doch erlauben Sie mir, Ihnen zu erklären: Diese Logik und dieser Schluss ergeben sich aus der Auffassung des Herrn Staatsanwalts, nicht aus der meinen, nicht aus der Sozialdemokratie. Hier bitte ich Sie um besondere Aufmerksamkeit. Ich sage: Der Schluss, dass das einzige wirksame Mittel, um Kriege zu verhindern, darin bestehe, sich direkt an die Soldaten zu wenden und sie aufzufordern, nicht zu schießen – dieser Schluss ist nur die andere Seite jener Auffassung, wonach, solange der Soldat den Befehlen seiner Vorgesetzten folgt, alles im Staate wohlbestellt sei, wonach – um es kurz zu sagen – das Fundament der Staatsmacht und des Militarismus der *Kadavergehorsam des Soldaten* ist. Diese Auffassung des Herrn Staatsanwalts findet auch eine harmonische Ergänzung zum Beispiel in jener amtlich veröffentlichten Äußerung des obersten Kriegsherrn, wonach der Kaiser beim Empfang des Königs der Hellenen in Potsdam am 6. November vorigen Jahres gesagt hat, der Erfolg der griechischen Heere beweise, »dass die von unserem Generalstab und unseren Truppen gepflegten Prinzipien bei richtiger Anwendung stets den Sieg verbürgen«. *Der Generalstab mit seinen »Prinzipien« und der Soldat im Kadavergehorsam* – das sind die Grundlagen der Kriegsführung und die Bürgschaft der Siege. Nun, *dieser Auffassung sind wir Sozialdemokraten eben nicht.* Wir denken vielmehr, dass über das Zustandekommen und den Ausgang der Kriege nicht bloß die Armee, die »Befehle« von oben und der blinde »Gehorsam« von unten entscheiden, sondern dass darüber die *große Masse des werktätigen Volkes zu entscheiden hat. Wir sind der Auffassung, dass Kriege nur dann und nur so lange geführt werden können, als die arbeitende Masse sie entweder begeistert mitmacht, weil sie sie für eine gerechte und notwendige Sache hält, oder wenigstens duldend erträgt.* Wenn hingegen die große Mehrheit des werktätigen Volkes zu der Überzeugung gelangt – *und in ihr diese Überzeugung, dieses Bewusstsein zu wecken, ist gerade die Aufgabe, die wir Sozialdemokraten uns stellen* – wenn, sage ich, *die Mehrheit des Volkes zu der Überzeugung gelangt, dass Kriege eine barbarische, tief unsittliche, reaktionäre und volksfeindliche Erscheinung sind, dann sind Kriege unmöglich* geworden – und mag zunächst der Soldat noch den Befehlen der Obrigkeit Gehorsam leisten! Nach der Auffassung des Staatsanwalts ist die *Armee* die kriegführende Partei, nach *unserer* Auffassung ist es *das gesamte Volk*. Dieses hat zu entscheiden, ob Kriege zustande kommen oder nicht; bei der Masse der arbeitenden Männer und Frauen, alten und jungen, liegt die Entscheidung über das Sein oder Nichtsein des heutigen Militarismus – nicht bei dem kleinen Teilchen dieses Volkes, der im sogenannten Rock des Königs steckt.

Und wenn ich das ausgeführt habe, so habe ich zugleich ein klassisches Zeugnis in der Hand, dass dies meine, unsere Auffassung in der Tat ist.

Durch einen Zufall bin ich in der Lage, auf die Frage des Staatsanwalts: *wen* ich damit gemeint hätte, als ich sagte, »*wir* tun das nicht«, mit einer Frankfurter Rede von mir zu antworten. Am 17. April 1910 habe ich hier im Zirkus Schumann vor etwa 6000 Personen über den preußischen Wahlrechtskampf gesprochen – wie Sie wissen, schlugen damals gerade die Wellen unseres Kampfes hoch – und ich finde im stenografischen Bericht jener Rede auf Seite 10 die folgenden Worte:

»Werte Anwesende! Ich sage: Wir sind im gegenwärtigen Wahlrechtskampfe, wie in allen wichtigen politischen Fragen des Fortschritts in Deutschland, ganz allein auf uns gestellt. Aber wer sind ›*wir*‹? ›*Wir*‹ sind doch die Millionen Proletarier und Proletarierinnen Preußens und Deutschlands. Ja, wir sind mehr als eine Zahl. Wir sind die Millionen jener, von deren Hände Arbeit die Gesellschaft lebt. Und es genügt, dass diese einfache Tatsache so recht im Bewusstsein der breitesten Massen des Proletariats Deutschlands Wurzel schlägt, damit einmal der Moment kommt, wo in Preußen der herrschenden Reaktion gezeigt wird, dass die Welt wohl ohne die ostelbischen Junker und ohne Zentrumsgrafen, ohne Geheimräte und zur Not auch ohne Staatsanwälte auskommen kann, dass sie aber nicht vierundzwanzig Stunden zu existieren vermag, wenn die Arbeiter einmal die Arme kreuzen.«

Sie sehen, hier spreche ich deutlich aus, wo wir den Schwerpunkt des politischen Lebens und der Geschicke des Staates erblicken: *im Bewusstsein, im klar geformten Willen, in der Entschlossenheit der großen arbeitenden Masse. Und genau so fassen wir die Frage des Militarismus auf.* Wenn die Arbeiterklasse zu der Erkenntnis und dem Entschluss kommt, die

Kriege nicht zuzulassen, dann sind die Kriege unmöglich geworden.

Aber ich habe der Beweise noch mehr, dass wir so und nicht anders die militärische Agitation verstehen. Ich muss mich überhaupt wundern: Der Herr Staatsanwalt gibt sich die größte Mühe, durch Deutungen, Vermutungen, willkürliche Deduktionen aus meinen Worten herauszudestillieren, auf welche Art und Weise ich etwa beabsichtigt haben mochte, gegen den Krieg vorzugehen. Und dabei lag vor ihm das Beweismaterial in Hülle und Fülle. Wir betreiben unsere antimilitärische Agitation nicht etwa im geheimen Dunkel, im Verborgenen, nein, im hellsten Licht der Öffentlichkeit. Seit Jahrzehnten bildet der Kampf gegen den Militarismus einen Hauptgegenstand unserer Agitation. Schon seit der alten Internationale bildet er den Gegenstand von Erörterungen und Beschlüssen fast sämtlicher Kongresse sowie deutscher Parteitage. Hier brauchte der Herr Staatsanwalt nur ins volle Menschenleben hineinzugreifen, und wo er es gepackt hätte, da wäre es interessant. Das ganze betreffende umfangreiche Material kann ich leider nicht hier vor Ihnen ausbreiten. Aber das Wichtigste wenigstens gestatten Sie mir hier auszuführen.

Schon der *Brüsseler Kongress der Internationale* im Jahre 1868 weist auf praktische Maßnahmen zur Verhinderung des Krieges hin. Er sagt unter anderem in seiner Resolution:

»dass die Völker schon jetzt die Zahl der Kriege vermindern können, indem sie sich jenen entgegenstellen, die Kriege machen und erklären;

dass dieses Recht vor allem den arbeitenden Klassen zusteht, die beinahe allein zu militärischem Dienst herangezogen werden und ihm daher allein eine Sanktion erteilen können;

dass ihnen zu diesem Behufe ein wirksames, gesetzliches und augenblicklich realisierbares Mittel zur Verfügung steht;

dass die Gesellschaft in der Tat nicht leben könnte, wenn die Produktion eine Zeit lang aussetzt, die Produzenten daher mit der Arbeit nur einzuhalten brauchen, um den persönlich vorgehenden, despotischen Regierungen ihre Unternehmen unmöglich zu machen;

erklärt der Kongress der internationalen Vereinigung der Arbeiter in Brüssel, vereinigt aufs Energischste gegen den Krieg zu protestieren, und lädt alle Sektionen der Vereinigungen in den verschiedenen Ländern sowie alle Arbeitervereine und Arbeiterorganisationen ohne Unterschied ein, mit dem größten Eifer dafür zu wirken, um einen Krieg von Volk zu Volk zu verhindern, der gleichzeitig, weil unter Produzenten, also Brüdern und Bürgern geführter Krieg, als ein Bürgerkrieg anzusehen wäre.

Der Kongress empfiehlt den Arbeitern insbesondere die Niederlegung der Arbeit für den Fall des Ausbruches eines Krieges in ihrem Lande.«

Ich übergehe die anderen zahlreichen Resolutionen der alten Internationale und gehe zu den Kongressen der neuen Internationale über. Der *Züricher* Kongress 1893 erklärt:

»Die Stellung der Arbeiter zum Kriege ist durch den Beschluss des Brüsseler Kongresses über den Militarismus scharf bezeichnet. Die internationale revolutionäre Sozialdemokratie hat in allen Ländern mit Aufgebot aller Kräfte den chauvinistischen Gelüsten der herrschenden Klasse entgegenzutreten, das Band der Solidarität um die Arbeiter aller Länder immer fester zu schlingen und unablässig auf die Beseitigung des Kapitalismus hinzuwirken, der die Menschheit in zwei feindliche Heerlager geteilt und die Völker gegeneinander hetzt. Mit der Aufhebung der Klassenherrschaft verschwindet auch der Krieg. Der Sturz des Kapitalismus ist der Weltfriede.«

Der *Londoner* Kongress 1896 erklärt:

»Nur die Arbeiterklasse kann ernstlich den Willen haben und sich die Macht erringen, den Weltfrieden zu schaffen. Deshalb fordert sie:

1. Gleichzeitige Abschaffung der stehenden Heere in allen Staaten und Einführung der Volksbewaffnung.
2. Einrichtung eines internationalen Schiedsgerichts, dessen Beschlüsse Gesetzeskraft haben.
3. Endgültige Entscheidung über Krieg oder Frieden direkt durch das Volk für den Fall, dass die Regierungen nicht die Entscheidung des Schiedsgerichts annehmen.«

Der *Pariser* Kongress empfiehlt als praktische Mittel des Kampfes gegen den Militarismus:

»dass die sozialistischen Parteien überall die Erziehung und Organisierung der Jugend zum Zwecke der Bekämpfung des Militarismus in Angriff zu nehmen und mit größtem Eifer zu betreiben haben«.

Gestatten Sie mir noch einen wichtigen Passus aus der Resolution des Stuttgarter Kongresses von 1907, wo schon eine ganze Reihe praktischer Handlungen der Sozialdemokratie im Kampfe gegen den Krieg sehr plastisch zusammengefasst sind. Hier heißt es:

»Tatsächlich hat seit dem internationalen Kongress in Brüssel das Proletariat in seinem unermüdlichen Kampfe gegen den Militarismus durch *Verweigerung der Mittel für Rüstungen zu Lande und zu Wasser*, durch die Bestrebungen, *die militärische Organisation zu demokratisieren*, mit steigendem Nachdruck und Erfolg zu den verschiedensten Aktionsformen gegriffen, um den Ausbruch von Kriegen zu verhindern oder ihnen ein Ende zu machen, sowie um die durch den Krieg herbeigeführte Aufrüttelung der Gesellschaft für die Befreiung der Arbeiterklasse auszunutzen: namentlich die Verständigung der englischen und französischen Gewerkschaften nach dem Faschoda-Fall[2] zur Sicherung des Friedens und zur Wiederherstellung freundlicher Beziehungen zwischen England und Frankreich; das Vorgehen der sozialistischen Parteien im deutschen und im französischen Parlament während der Marokkokrise; die Kundgebungen, die zum gleichen Zweck von den deutschen und französischen Sozialisten veranstaltet wurden; die gemeinsame Aktion der Sozialisten Österreichs und Italiens, die sich in Triest versammelten, um einem Konflikt der beiden Staaten vorzubeugen; weiter das nachdrückliche Eingreifen der sozialistischen Arbeiterschaft Schwedens zur Verhinderung eines Angriffes auf Norwegen; endlich die heldenhaften Opfer und Massenkämpfe der sozialistischen Arbeiter und Bauern Russlands und Polens, um sich dem vom Zarismus entfesselten Kriege zu widersetzen, ihm ein Ende zu machen und die Krise zur Befreiung des Landes und der arbeitenden Klasse auszunutzen. Alle diese Bestrebungen legen Zeugnis ab von der wachsenden Macht des Proletariats und von seinem *wachsenden Drange, die Aufrechterhaltung des Friedens durch entschlossenes Eingreifen zu sichern.*«

Und nun frage ich: Finden Sie, meine Herren, in all diesen Resolutionen und Beschlüssen auch nur eine Aufforderung, die dahin geht, dass wir uns vor die Soldaten hinstellen und ihnen zurufen sollen: Schießt nicht! Und weshalb? Etwa deshalb, weil wir uns vor den Folgen einer solchen Agitation, vor Strafparagrafen fürchten? Ach, wir wären traurige Wichte, wenn wir aus Furcht vor den Folgen etwas unterließen, was wir als notwendig und heilsam erkannt haben. Nein, wir tun es nicht, weil wir uns sagen: Jene, die im sogenannten Rock

2 Faschoda war ein kleiner Ort im Sudan, in dem im Jahr 1898 die Rivalitäten zwischen Frankreich und Großbritannien um die Aufteilung der afrikanischen Kolonien eskalierten.

des Königs stecken, sind doch nur ein Teil des werktätigen Volkes, und wenn dieses zu der nötigen Erkenntnis in Bezug auf das Verwerfliche und Volksfeindliche der Kriege gelangt, dann werden auch die Soldaten von selbst wissen, ohne unsere Aufforderung, was sie im gegebenen Falle zu tun haben.

Sie sehen, meine Herren, unsere Agitation gegen den Militarismus ist nicht so arm und so simplistisch, wie der Herr Staatsanwalt es sich vorstellt. Wir haben so viele und so mannigfache Mittel der Einwirkung: *Jugenderziehung* – und wir betreiben sie mit Eifer und nachhaltigem Erfolg, trotz aller Schwierigkeiten, die uns in den Weg gelegt werden –, *Propaganda des Milizsystems, Massenversammlungen, Straßendemonstrationen* … Schließlich blicken Sie nach Italien. Wie haben die klassenbewussten Arbeiter dort das tripolitanische Kriegsabenteuer beantwortet? Durch einen Demonstrationsmassenstreik, der aufs Glänzendste geführt wurde. Und wie reagierte darauf die deutsche Sozialdemokratie? Am 12. November nahm die Berliner Arbeiterschaft in zwölf Versammlungen eine Resolution an, *in der sie den italienischen Genossen für den Massenstreik dankte.*

Ja, der Massenstreik! sagt der Staatsanwalt. Gerade hier glaubt er mich wieder bei meiner gefährlichsten, staatserschütternden Absicht gepackt zu haben. Der Staatsanwalt stützte heute seine Anklage ganz besonders durch die Hinweise auf meine Massenstreikagitation, an die er die *schauerlichsten Perspektiven eines gewaltsamen Umsturzes knüpfte, wie sie eben nur in der Fantasie eines preußischen Staatsanwalts ihr Dasein führen.* Herr Staatsanwalt, wenn ich bei Ihnen die geringste Fähigkeit voraussetzen könnte, auf die Gedankengänge der Sozialdemokratie, auf die edlere historische Auffassung eingehen zu können, so würde ich Ihnen auseinandersetzen, was ich in jeder Volksversammlung mit Erfolg darlegte, dass Massenstreiks als eine *bestimmte Periode der*

Entwicklung der heutigen Verhältnisse nicht »gemacht« werden, so wenig wie die Revolutionen »gemacht« werden. Die Massenstreiks sind eine *Etappe des Klassenkampfes*, zu der allerdings unsere heutige Entwicklung mit Naturnotwendigkeit führt. Unsere, der Sozialdemokratie, ganze Rolle ihnen gegenüber besteht darin, *diese Tendenz der Entwicklung der Arbeiterklasse zum Bewusstsein zu bringen*, damit die Arbeiter auf der Höhe ihrer Aufgabe sind, als eine geschulte, disziplinierte, reife, entschlossene und tatkräftige Volksmasse.

Sie sehen, auch hier wieder will mich der Staatsanwalt, wenn er das Gespenst des Massenstreiks in der Anklage vorführt, wie er ihn versteht, eigentlich für seine Gedanken, nicht für die meinigen strafen.

Hier will ich schließen. Nur eines möchte ich noch bemerken. Der Herr Staatsanwalt hat in seinen Ausführungen speziell meiner kleinen Person viel Aufmerksamkeit gewidmet. Er hat mich als die große Gefahr für die Sicherheit der Staatsordnung geschildert, er hat es sogar nicht verschmäht, sich auf das *Kladderadatschniveau herabzulassen*, und mich als die »rote Rosa« gekennzeichnet. Ja, *er hat es gewagt, meine persönliche Ehre zu verdächtigen*, indem er den Fluchtverdacht gegen mich aussprach für den Fall, dass seinem Strafantrag stattgegeben werde.

Herr Staatsanwalt, ich verschmähe es für meine Person, auf alle Ihre Angriffe zu antworten. Aber eines will ich Ihnen sagen: *Sie kennen die Sozialdemokratie nicht!* (Der Vorsitzende unterbrechend: »Wir können hier keine politischen Reden anhören.«) Im Jahre 1913 allein haben viele Ihrer Kollegen im Schweiße ihres Angesichts dahin gearbeitet, dass über unsere Presse insgesamt die Strafe von 60 Monaten Gefängnis ausgeschüttet wurde. Haben Sie vielleicht gehört, dass auch nur einer von den Sündern aus Furcht vor der Strafe die Flucht ergriffen hätte? Glauben Sie, dass diese Unmenge von Strafen auch nur einen Sozialdemokraten zum Wanken gebracht oder in seiner Pflichterfüllung erschüttert hat? *Ach nein, unser Werk spottet aller Zwirnsfäden Ihrer Strafparagrafen, es wächst und gedeiht trotz aller Staatsanwälte!*

Zum Schluss nur noch ein Wort zu dem *unqualifizierten Angriff, der auf seinen Urheber zurückfällt.*

Der Staatsanwalt hat wörtlich gesagt – ich habe es mir notiert: er beantrage meine sofortige Verhaftung, denn »es wäre ja unbegreiflich, wenn die Angeklagte nicht die Flucht ergreifen würde«. Das heißt mit anderen Worten: Wenn ich, der Staatsanwalt, ein Jahr Gefängnis abzubüßen hätte, dann würde ich die Flucht ergreifen. *Herr Staatsanwalt, ich glaube Ihnen, Sie würden fliehen. Ein Sozialdemokrat flieht nicht. Er steht zu seinen Taten und lacht Ihrer Strafen.*

Und nun verurteilen Sie mich!

(Verteidigungsrede am 20. Februar 1914 vor der Frankfurter Strafkammer, GW 3, 395–406)

Die Trümmer des blutigen Imperialismus

Die bis dahin unbekannte grausame Realität des modernen Krieges mitsamt der verheerenden moralischen Wirkung beschreibt Rosa Luxemburg bereits Ende Dezember in ihrem Beitrag *Trümmer* in der *Sozialistischen Korrespondenz*. Das konkrete Erleben der Dimension dieses Krieges bestärkt sie in ihrer konsequenten antimilitaristischen Haltung. In der Tat bedeutet der Erste Weltkrieg eine Zäsur. Im Gegensatz zu den Schlachten des 19. Jahrhunderts ist dies nun ein Krieg unter den Bedingungen der Industrialisierung und von einer völlig neuen Qualität. Besonders eindringlich hat diese neue, bisher nie da gewesene Dimension des Krieges Ernst Jünger beschrieben. Entscheidend ist nicht mehr der Einzelne mit seinen »Tugenden« wie Mut, Tapferkeit etc., sondern die entfesselte Destruktivkraft des jeweiligen Standes der Technik. Die Stupidität der Materialschlacht entspricht dabei durchaus der Stumpfsinnigkeit der kapitalistischen Produktionsmaschine:

»Bei diesem Zusammenprall werden nicht mehr wie zur Zeit der blanken Waffe die Fähigkeiten des Einzelnen, sondern die der großen Organismen gegeneinander abgewogen. Produktion, Stand der Technik, Chemie, Schulwesen und Eisenbahnnetze. Das sind die Kräfte, die unsichtbar hinter den Rauchwolken der Materialschlacht sich gegenüberstehen […]. Dieser Zwang, der das Leben des Individuums einem unwiderstehlichen Willen unterwarf, trat hier in furchtbarer Deutlichkeit hervor. Der Kampf spielte in riesenhaften Ausmaßen, vor denen das Einzelschicksal verschwand. Die Weite und tödliche Einsamkeit des Gefildes, Fernwirkung stählerner Maschinen und die Verlegung jeder Bewegung in die Nacht zogen eine starre Titanenmaske über das Geschehen […]. Die Entscheidung lief auf ein Rechenexempel hinaus: Wer eine bestimmte Anzahl von Quadratmetern mit der größten Geschossmenge überschütten konnte, hielt den Sieg in der Faust. Eine brutale Bewegung von Massen war die Schlacht, ein blutiger Ringkampf der Produktion und des Materials. Daher kam auch den Kämpfern, diesem unterirdischen Bedienungsmaterial mörderischer Maschinen, oft wochenlang nicht zu Bewusstsein, dass hier Mensch gegen Mensch stand […]. Es war im Grunde wohl dasselbe Gefühl von Sinnlosigkeit, das aus den kahlen Häuserblöcken von Fabrikstädten zuweilen in traurige Hirne sprang … (Jünger 1978, 16 f.)

Im Gegensatz etwa zu Zeitgenossen wie Karl Kraus hat Rosa Luxemburg aus dieser völlig neuen Qualität des Krieges nicht ausdrücklich die Konsequenz eines Pazifismus im strengen Sinne gezogen. Heute wäre allerdings tatsächlich die Frage aufzuwerfen, ob Krieg angesichts der ungeheuren Destruktivkraft und angesichts des technischen Zerstörungspotenzials auch bereits unterhalb der Schwelle der Massenvernichtungswaffen überhaupt noch eine Option sein darf – auch nicht als »ultima ratio«. Ungeachtet aller sonstigen Argumente grundsätzlicher Natur, die der Pazifismus auf seiner Seite hat, ergibt er sich heute als Imperativ aufgrund des zuvor nie da gewesenen Zerstörungspotenzials.

Während der Erste Weltkrieg, gegen den Rosa Luxemburg mit der bitteren Konsequenz von Haftstrafen so mutig gekämpft hat, der erste Krieg im Zeichen der Industrialisierung war, steht die Kriegsgefahr heute im Zeichen der anbrechenden Deindustrialisierung. Die nun wegbrechende fossile Ressourcenbasis war ja die Grundlage der etwa dreihundertjährigen Industrialisierungsgeschichte, die sich aus heutiger Sicht als Singularität innerhalb der Menschheitsgeschichte erweist, die nicht beliebig in die Zukunft zu extrapolieren ist. Die künftigen Spannungen werden wohl am ehesten aus der Notwendigkeit des industriellen Rückbaus bzw. aus dem verzweifelten Kampf um die letzten fossilen Ressourcen entstehen. Militärische Abrüstung hätte deshalb heute einherzugehen mit industrieller Abrüstung, mit geplantem Rückzug aus einer ökonomischen und technischen Entwicklung, die die endliche Erde nicht aushält.

Der zermalmende Zug des gegenwärtigen Weltkriegs hinterlässt allüberall auf weiten Länderstrecken und Meeren zunächst nichts hinter sich als Trümmer: Trümmer von Städten und Dörfern, Trümmer von zerschmetterten Festungen, Geschützen und Gewehren, Trümmer von riesigen Schlachtschiffen und kleinen Torpedobooten. Und dazwischen Trümmer von zerschmettertem Menschenglück. Hekatomben zerfetzter Menschenleiber, gemischt mit grauenhaftem Aas verendeter Pferde, Hunde und verhungertem, verkohltem Vieh. […] Der gegenwärtige Weltkrieg übertrifft jedoch alles Bisherige an Dimensionen, an Wucht, an tiefgreifender Wirkung. Nie waren so viele Völker, Länder, Weltteile von den Flammen des Krieges auf einmal umfasst, nie waren so gewaltige technische Mittel in den Dienst der Vernichtung gespannt, nie waren so reiche Schätze der materiellen Kultur dem höllischen Sturm ausgesetzt. Der moderne Kapitalismus heult in dem jetzigen Weltorkan sein satanisches Triumphlied: Nur er vermochte in wenigen Jahrzehnten die schimmernden Reichtümer und die glänzenden Kunstwerke aufzutürmen, um sie dann in wenigen Monaten mit den raffiniertesten Mitteln in ein Trümmerfeld zu verwandeln. Nur er hat es fertiggebracht, den Menschen zum Fürsten der Länder, Meere und Lüfte, zum lachenden Halbgott und Beherrscher aller Elemente zu machen, um ihn dann unter den Trümmern der eigenen Herrlichkeit in selbstgeschaffener Qual wie einen Bettler elend verrecken zu lassen. [...] Aber jeder Krieg vernichtet nicht bloß leibliche Güter, nicht bloß materielle Kulturwerte. Er ist zugleich ein respektloser Stürmer gegen hergebrachte Begriffe. Alte Heiligtümer, verehrte Einrichtungen, gläubig nachgesprochene Formeln werden von seinem eisernen Besen auf denselben Schutthaufen geworfen, auf dem die Reste zerschossener Kanonen, Gewehre, Tornister und sonstiger Kriegsabfall lagern. Und auch in dieser Hinsicht übertrifft der gegenwärtige Krieg alle seine Vorgänger an Rücksichtslosigkeit und Wirkung.

(Trümmer, in: GW 4, 9–10)

[...]
Zu deiner und anderer Freunde Information (nicht zur öffentlichen Verwendung) sei nur gesagt, dass es ein grober Irrtum wäre, zu denken, die offizielle Haltung der Reichstagsfraktion, des Parteivorstandes und der Parteiredakteure entspräche dem Denken und Fühlen der gesamten Partei! Im Gegenteil lässt sich eine wachsende Erbitterung allenthalben merken. Wie weit diese Erbitterung reicht, auf welcher Seite die Mehrheit ist, kann jetzt natürlich nicht annähernd festgestellt werden, da gerade den Gegnern der parteioffiziellen Taktik das Maul verbunden ist und da das politische Leben der Massen völlig erdrückt ist. Auch verschiebt sich die Stim-

mung immer weiter; manche, die für die Bewilligung der Kredite waren, haben seitdem ob der eingetretenen Entwicklung einen heilsamen Schreck gekriegt und sind nun Gegner dieser Politik oder werden es morgen sein. Zugleich rutscht ein anderer Teil Genossen mit jedem Tage mehr ins reinste Fahrwasser der nationalpatriotischen Regierungspolitik. Auf diese Weise vollzieht die innere Entwicklung der Partei im Kriege trotz ihrer Unmerklichkeit einen unaufhaltsamen Prozess der Abschnürung von Elementen, die eigentlich zum bürgerlichen Lager gehören und höchstens eine militärfromme proletarische Reformpartei mit starkem nationalistischem Anstrich bilden, auf der anderen Seite von Elementen, die den Kern des revolutionären Klassenkampfes und des Internationalismus nicht preisgeben wollen. Schon jetzt hat der stille innere Kampf begonnen, obwohl *wir* ihn wahrhaftig unter so ungünstigen Bedingungen nicht aufnehmen wollen. Das gegenseitige Misstrauen und der gegenseitige Hass lassen sich aber kaum verdecken und züngeln schon in ganz feinen Flämmchen an die Oberfläche. Dass, sobald der Krieg und der Belagerungszustand vorbei sind, die innere Auseinandersetzung mit gewaltiger Macht losbricht, verheimlicht sich kein Mensch, ebenso wenig wird jemand hoffen, die altgepriesene Einigkeit der Partei bei so tiefgehendem innerem Zwiespalt aufrechterhalten zu können. Es ist nur der Belagerungszustand und der Krieg, die unsere angebliche Einigkeit künstlich zusammenhalten. Es unterliegt keinem Zweifel: Der deutsche wie der internationale Sozialismus machen eine Krise durch wie noch nie in der Geschichte und werden durch diesen Krieg vor die Schicksalsfrage gestellt. Gelingt es nicht, nach dem Kriege eine regelrechte und diesmal auch für den Kriegsfall ernstgemeinte Absage des internationalen Sozialismus an den Imperialismus und Militarismus unter allen ihren Vorwänden zu erreichen, dann kann sich der Sozialismus begraben lassen, oder er hat sich dann vielmehr schon selbst begraben. Die Klärung nach dem Kriege wird über das Sein oder Nichtsein des Sozialismus entscheiden. […]

(Brief aus Berlin-Südende an Carl Moor, am 12. Oktober 1914, GB V, 14–15)

»… eine brennende Röte der Scham und des Zorns«

[…]
Schon jetzt, nach wenigen Monaten des Krieges, verfliegt auch in Deutschland der chauvinistische Rausch bei den arbeitenden Massen, die von ihren Führern in der großen geschichtlichen Stunde im Stiche gelassen worden sind, die Besinnung kehrt zurück, und mit jedem Tag wächst die Zahl der Proletarier, denen das, was heute vorgeht, eine brennende Röte der Scham und des Zorns ins Gesicht treibt. Aus diesem Kriege werden die Volksmassen nur noch mit stürmischerem Drang unter unsere alte Fahne der sozialistischen Internationale zurückkehren, nicht um sie bei der nächsten imperialistischen Orgie wieder zu verraten, sondern um sie gegen die gesamte kapitalistische Welt, ihre verbrecherischen Ränke, ihre infamen Lügen und ihre elenden Phrasen vom »Vaterland« und von der »Freiheit« geschlossen zu verteidigen und auf den Trümmern des blutigen Imperialismus siegreich aufzupflanzen.

(Schreiben an die Redaktion des Labour-Leader vom Dezember 1914, Für die internationale Solidarität!, in: GW 4, 19)

Sozialismus oder Barbarei

Im Berliner Frauengefängnis hatte Rosa Luxemburg im Jahr 1915 ihre Haftstrafe abzubüßen, und aus der Haft heraus führte sie ihren Kampf weiter. Sie nutzte die Zeit intensiv »zum Lesen, Denken und Schreiben«. Vor allem konnte sie ihr Vorhaben einer größeren Abhandlung über den Krieg verwirklichen. Unter dem Pseudonym »Junius« erschien Anfang 1916 in Zürich schließlich eine über einhundert Seiten lange Broschüre mit dem Titel *Die Krise der Sozialdemokratie*. Die »Junius-Broschüre« ist eine der ersten Analysen der Entstehung des Ersten Weltkriegs überhaupt und noch heute eine hervorragende Quelle, will man sich den Ursachen dieser Katastrophe nähern. Besonders empfehlen möchte man sie der Linken in Deutschland, die zu einem großen Teil recht oberflächlich an der deutschen Alleinschuld am Ersten Weltkrieg festhält. Luxemburg ist hier wesentlich differenzierter. Bei aller Würdigung des spezifisch deutschen Anteils analysiert sie den Krieg als aus der imperialistischen Konkurrenz, vor allem in ihrem Expansionsdrang nach dem Nahen Osten, hervorgegangenen Konflikt. In diesem Zusammenhang prägt sie die Formel für jene grundsätzliche Alternative, die verkürzt mit dem Slogan »Sozialismus oder Barbarei« wiedergegeben wird. Die historische Entwicklung lasse nur die Alternative zwischen dem Versinken jeglicher Kultur, dem von Friedrich Engels sogenannten »Rückfall in die Barbarei«, oder einer sozialistischen Zukunft zu. Der weitere Geschichtsverlauf nach Luxemburgs Tod bis heute scheint diese Alternative eher bestätigt denn widerlegt zu haben. Elementare humanistische Werte, Solidarität und die Erhaltung unserer natürlichen Lebensgrundlagen scheinen überhaupt nur jenseits des kapitalistischen Verwertungsprozesses eine Chance zu haben. Luxemburg geht es aber in dieser Broschüre vor allem um die Aufarbeitung der Ursachen des Versagens der Sozialdemokratie, das sie, gemessen an den Möglichkeiten, als »ein Unglück für die Menschheit« bezeichnete. Scharf geht sie mit den Kriegskreditbewilligern ins Gericht. Die Schuld der Sozialdemokratie veranschlagt Luxemburg gerade deshalb sehr hoch, weil ohne die orientierende Kraft der Partei der Widerstand der Massen, auf die sie nach wie vor vertraut, verunmöglicht worden war. Im Gegenteil: Die von vielerlei Spielarten des Nationalismus durchdrungene Partei habe als geistiges Narkotikum gewirkt. An den Schluss der Broschüre stellt Luxemburg Grundsätze für die Wiederbelebung der Internationale, die mit dem Krieg zerbrochen war (hier in Luxemburgs Originalfassung wiedergegeben), und plädiert für die Unterordnung der nationalen Sektionen unter die taktischen Vorgaben der Internationale.

[...]
Das im August, im September verladene und patriotisch angehauchte Kanonenfutter verwest in Belgien, in den Vogesen, in den Masuren in Totenäckern, auf denen der Profit mächtig in die Halme schießt. [...] Das Geschäft gedeiht auf Trümmern. Städte werden zu Schutthaufen, Dörfer zu Friedhöfen, Länder zu Wüsteneien, Bevölkerungen zu Bettlerhaufen, Kirchen zu Pferdeställen; Völkerrecht, Staatsverträge, Bündnisse, heiligste Worte, höchste Autoritäten in Fetzen zerrissen; jeder Souverän von Gottes Gnaden den Vetter von der Gegenseite als Trottel und wortbrüchigen Wicht, jeder Diplomat den Kollegen von der anderen Partei als abgefeimten Schurken, jede Regierung die andere als das Verhängnis des eigenen Volkes der allgemeinen Verachtung preisgebend; und Hungertumulte in Venetien, in Lissabon, in Moskau, in Singapur, und Pest in Russland und Elend und Verzweiflung überall. Geschändet, entehrt, im Blute watend, von Schmutz triefend – so steht die bürgerliche Gesellschaft da, so ist sie. Nicht wenn sie, geleckt und sittsam, Kultur, Philosophie und Ethik, Ordnung, Frieden und Rechtsstaat mimt – als reißende Bestie, als Hexensabbat der Anarchie, als Pesthauch für Kultur und Menschheit: So zeigt sie sich in ihrer wahren, nackten Gestalt.

[...]

Friedrich Engels sagte einmal: Die bürgerliche Gesellschaft steht vor dem Dilemma: entweder Übergang zum Sozialismus oder Rückfall in die Barbarei. Was bedeutet ein »Rückfall in die Barbarei« auf unserer Höhe der europäischen Zivilisation? Wir haben wohl alle die Worte bis jetzt gedankenlos gelesen und wiederholt, ohne ihren furchtbaren Ernst zu ahnen. Ein Blick um uns in diesem Augenblick zeigt, was ein Rückfall der bürgerlichen Gesellschaft in die Barbarei bedeutet. Dieser Weltkrieg – das ist ein Rückfall in die Barbarei. Der Triumph des Imperialismus führt zur Vernichtung der Kultur – sporadisch während der Dauer eines modernen Krieges und endgültig, wenn die nun begonnene Periode der Weltkriege ungehemmt bis zur letzten Konsequenz ihren Fortgang nehmen sollte. Wir stehen also heute, genau wie Friedrich Engels vor einem Menschenalter, vor vierzig Jahren, voraussagte, vor der Wahl: entweder Triumph des Imperialismus und Untergang jeglicher Kultur, wie im alten Rom, Entvölkerung, Verödung, Degeneration, ein großer Friedhof. Oder Sieg des Sozialismus, das heißt der bewussten Kampfaktion des internationalen Proletariats gegen den Imperialismus und seine Methode: den Krieg. Dies ist ein Dilemma der Weltgeschichte, ein Entweder – Oder, dessen Waagschalen zitternd schwanken vor dem Entschluss des klassenbewussten Proletariats. Die Zukunft der Kultur und der Menschheit hängt davon ab, ob das Proletariat sein revolutionäres Kampfschwert mit männlichem Entschluss in die Waagschale wirft. In diesem Kriege hat der Imperialismus gesiegt. Sein blutiges Schwert des Völkermordes hat mit brutalem Übergewicht die Waagschale in den Abgrund des Jammers und der Schmach hinabgezogen. Der ganze Jammer und die ganze Schmach können nur dadurch aufgewogen werden, dass wir aus dem Kriege lernen, wie das Proletariat sich aus der Rolle eines Knechts in den Händen der herrschenden Klassen zum Herrn des eigenen Schicksals aufrafft.

[…]

Wenn es sich wirklich um die Existenz der Nation, um die Freiheit handelt, wenn diese nur mit dem Mordeisen verteidigt werden kann, wenn der Krieg eine heilige Volkssache ist – dann wird alles selbstverständlich und klar, dann muss alles in Kauf genommen werden. Wer den Zweck will, muss die Mittel wollen. Der Krieg ist ein methodisches, organisiertes, riesenhaftes Morden. Zum systematischen Morden muss aber bei normal veranlagten Menschen erst der entsprechende Rausch erzeugt werden. Dies ist seit jeher die wohlbegründete Methode der Kriegführenden. Der Bestialität der Praxis muss die Bestialität der Gedanken und der Gesinnung entsprechen, diese muss jene vorbereiten und begleiten.

[...]

Der kapitalistische Aufschwung, der nach der Kriegsperiode der Sechziger- und Siebzigerjahre in dem neu konstituierten Europa Platz gegriffen und der namentlich nach Überwindung der langen Depression, die dem Gründerfieber und dem Krach des Jahres 1873 gefolgt war, in der Hochkonjunktur der Neunzigerjahre einen nie da gewesenen Höhepunkt erreicht hatte, eröffnete bekanntlich eine neue Sturm- und Drangperiode der europäischen Staaten: ihre Expansion um die Wette nach den nichtkapitalistischen Ländern und Zonen der Welt.

[...]

Es war daraus für jedermann klar: 1. dass der heimliche, im Stillen arbeitende Krieg aller kapitalistischen Staaten gegen alle auf dem Rücken asiatischer und afrikanischer Völker früher oder später zu einer Generalabrechnung führen, dass der in Afrika und Asien gesäte Wind einmal nach Europa als fürchterlicher Sturm zurückschlagen musste, umso mehr, als der ständige Niederschlag der asiatischen und afrikanischen Vorgänge die steigenden Rüstungen in Europa waren, 2. dass der europäische Weltkrieg zur Entladung kommen würde, sobald die partiellen und abwechselnden Gegensätze zwischen den imperialistischen Staaten eine Zentralisationsachse, *einen* überwiegenden starken Gegensatz finden würden, um den sie sich zeitweilig gruppieren können. Diese Lage wurde geschaffen mit dem Auftreten des deutschen Imperialismus.

In Deutschland kann das Aufkommen des Imperialismus, das auf die kürzeste Zeitspanne zusammengedrängt ist, in Reinkultur beobachtet werden. Der beispiellose Aufschwung der Großindustrie und des Handels seit der Reichsgründung hat hier in den Achtzigerjahren zwei charakteristische eigenartige Formen der Kapitalakkumulation hervorgebracht: die stärkste Kartellentwicklung Europas und die größte Ausbildung sowie Konzentration des Bankwesens in der ganzen Welt. Jene hat die Schwerindustrie, das heißt gerade den an Staatslieferungen, an militärischen Rüstungen, wie an imperialistischen Unternehmungen (Eisenbahnbau, Ausbeutung von Erzlagern usw.) unmittelbar interessierten Kapitalzweig zum einflussreichsten Faktor im Staate organisiert. Dieses hat das Finanzkapital zu einer geschlossenen Macht von größter, stets gespannter Energie zusammengepresst, zu einer Macht, die gebieterisch schaltend und waltend in Industrie, Handel und Kredit des Landes, gleich ausschlaggebend in Privat- wie in Staatswirtschaft, schrankenlos und sprunghaft ausdehnungsfähig, immer nach Profit und Betätigung hungernd, unpersönlich, daher großzügig, wagemutig und rücksichtlos, international von Hause aus, ihrer ganzen Anlage nach auf die Weltbühne als den Schauplatz ihrer Taten zugeschnitten war.

[…]

Neben England trat in den letzten Jahrzehnten ein Land nach dem anderen auf den Weltmarkt, der Kapitalismus entwickelte sich naturgemäß und mit Sturmschritt zur kapitalistischen Weltwirtschaft.

[…]

Und in der Tat: Nicht um die »Existenz und die freiheitliche Entwicklung Deutschlands« handelt es sich in diesem Kriege, wie die sozialdemokratische Fraktionserklärung sagt, nicht um die deutsche Kultur, wie die sozialdemokratische Presse schreibt, sondern um jetzige Profite der Deutschen Bank in der asiatischen Türkei und künftige Profite der Mannesmänner und Krupp in Marokko, um die Existenz und die Reaktion Österreichs, dieses »Haufens organisierte Verwesung, der sich habsburgische Monarchie nennt« [...].

Solange kapitalistische Staaten bestehen, namentlich solange die imperialistische Weltpolitik das innere und äußere Leben der Staaten bestimmt und gestaltet, hat das nationale Selbstbestimmungsrecht mit ihrer Praxis im Krieg wie im Frieden nicht das Geringste gemein.

Noch mehr: In dem heutigen imperialistischen Milieu kann es überhaupt keine nationalen Verteidigungskriege mehr geben, und jede sozialistische Politik, die von diesem bestimmenden historischen Milieu absieht, die sich mitten im Weltstrudel nur von den isolierten Gesichtspunkten eines Landes leiten lassen will, ist von vornherein auf Sand gebaut.

[...]

Die imperialistische Politik ist nicht das Werk irgendeines oder einiger Staaten, sie ist das Produkt eines bestimmten Reifegrades in der Weltenentwicklung des Kapitals, eine von Hause aus internationale Erscheinung, ein unteilbares Ganzes, das nur in allen seinen Wechselbeziehungen erkennbar ist und *dem sich kein einzelner Staat zu entziehen vermag*.

Von hier aus kann erst die Frage der »nationalen Verteidigung« im heutigen Kriege richtig gewertet werden. Der Nationalstaat, nationale Einheit und Unabhängigkeit, das war das ideologische Schild, unter dem sich die bürgerlichen Großstaaten in Mitteleuropa im vorigen Jahrhundert konstituierten. Der Kapitalismus kann sich mit der Kleinstaaterei, mit wirtschaftlicher und politischer Zersplitterung nicht vertragen, er bedarf zu seiner Entfaltung eines möglichst großen, innerlich geschlossenen Gebietes und einer geistigen Kultur, ohne die weder die Bedürfnisse der Gesellschaft auf das der kapitalistischen Warenproduktion entsprechende Niveau gehoben werden, noch der Mechanismus der modernen bürgerlichen Klassenherrschaft funktionieren kann. Bevor der Kapitalismus zu erdumspannenden Weltwirtschaft sich auswachsen konnte, suchte er sich in den nationalen Grenzen eines Staates ein geschlossenes Gebiet zu schaffen. Dieses Programm ist – da es sich auf dem vom feudalen Mittelalter überwiesenen politischen und nationalen Schachbrett nur auf revolutionärem Wege durchführen ließ – in Frankreich allein, in der großen Revolution, verwirklicht worden. Im übrigen Europa ist es, wie die bürgerliche Revolution überhaupt, Stückwerk geworden, auf halbem Weg stehengeblieben. Das Deutsche Reich und das heutige Italien, der Fortbestand Österreich-Ungarns und der Türkei bis heute, das Russische Reich und das Britische Weltreich sind dafür lebendige Beweise. Das nationale Programm hatte nur als ideologischer Ausdruck der aufstrebenden, nach der Macht im Staate zielenden Bourgeoisie eine geschichtliche Rolle gespielt, bis sich die bürgerliche Klassenherrschaft in den Großstaaten Mitteleuropas schlecht und recht zurechtgesetzt, sich in ihnen die nötigen Werkezuge und Bedingungen geschaffen hat.

Seitdem hat der Imperialismus das alte bürgerlich-demokratische Programm vollends zu Grabe getragen, indem er die Expansion über nationale Grenzen hinaus und ohne jede Rücksicht auf nationale Zusammenhänge zum Programm der Bourgeoisie aller Länder erhoben hat. Die nationale Phrase freilich ist geblieben. Ihr realer Inhalt, ihre Funktion ist aber in ihr Gegenteil verkehrt, sie fungiert nur noch als notdürftiger Deckmantel imperialistischer Bestrebungen und als

Kampfschrei imperialistischer Rivalitäten, als einziges und letztes ideologisches Mittel, womit die Volksmassen für ihre Rolle des Kanonenfutters in den imperialistischen Kriegen eingefangen werden können.

Die allgemeine Tendenz der jetzigen kapitalistischen Politik beherrscht dabei so gut als übermächtiges blindwaltendes Gesetz die Politik der einzelnen Staaten, wie die Gesetze der wirtschaftlichen Konkurrenz die Produktionsbedingungen des einzelnen Unternehmens gebieterisch bestimmen.

[…]

Der imperialistische Expansionsdrang des Kapitalismus als der Ausdruck seiner höchsten Reife, seines letzten Lebensabschnitts, hat zur ökonomischen Tendenz, die gesamte Welt in eine kapitalistisch produzierende zu verwandeln, alle veralteten, vorkapitalistischen Produktions- und Gesellschaftsformen wegzufegen, alle Reichtümer der Erde und alle Produktionsmittel zum Kapital, die arbeitenden Volksmassen aller Zonen zu Lohnsklaven zu machen. In Afrika und Asien, vom nördlichen Gestade bis zur Südspitze Amerikas und in der Südsee werden die Überreste alter urkommunistischer Verbände, feudaler Herrschaftsverhältnisse, patriarchalischer Bauernwirtschaften, uralter Handwerksproduktionen vom Kapital vernichtet, zerstampft, ganze Völker ausgerottet, uralte Kulturen dem Erdboden gleichgemacht, um an ihre Stelle die Profitmacherei in modernster Form zu setzen. Dieser brutale Siegeszug des Kapitals in der Welt, gebahnt und begleitet durch alle Mittel der Gewalt, des Raubes und der Infamie, hatte eine Lichtseite: Er schuf die Vorbedingungen zu seinem eigenen endgültigen Untergang, er stellte die kapitalistische Weltherrschaft her, auf die allein die sozialistische Weltrevolution folgen kann. Dies war die einzige kulturelle und fortschrittliche Seite seiner sogenannten großen Kulturwerke in den primitiven Ländern. Für bürgerlich-liberale

Ökonomen und Politiker sind Eisenbahnen, schwedische Zündhölzer, Straßenkanalisation und Kaufhäuser »Fortschritt« und »Kultur«. An sich sind jene Werke, auf die primitiven Zustände gepfropft, weder Kultur noch Fortschritt, denn sie werden mit einem jähen wirtschaftlichen und kulturellen Ruin der Völker erkauft, die den ganzen Jammer und alle Schrecken zweier Zeitalter: der traditionellen naturalwirtschaftlichen Herrschaftsverhältnisse und der modernen raffiniertesten kapitalistischen Ausbeutung, auf einmal auszukosten haben. Nur als materielle Vorbedingungen für die Aufhebung der Kapitalherrschaft, für die Abschaffung der Klassengesellschaft überhaupt trugen die Werke des kapitalistischen Siegeszuges in der Welt den Stempel des Fortschritts im weiteren geschichtlichen Sinne. In diesem Sinne arbeitete der Imperialismus in letzter Linie für uns.

Der heutige Weltkrieg ist eine Wende in seiner Laufbahn. Zum ersten Male sind jetzt die reißenden Bestien, die vom kapitalistischen Europa auf alle anderen Weltteile losgelassen waren, mit einem Satz mitten in Europa eingebrochen. Ein Schrei des Entsetzens ging durch die Welt, als Belgien, das kostbare kleine Juwel der europäischen Kultur, als die ehrwürdigsten Kulturdenkmäler in Nordfrankreich unter dem Anprall einer blinden Vernichtungskraft klirrend in Scherben fielen. Die »Kulturwelt«, welche gelassen zugesehen hatte, als derselbe Imperialismus Zehntausende Hereros dem grausigsten Untergang weihte und die Kalahariwüste mit dem Wahnsinnsschrei Verdurstender, mit dem Röcheln Sterbender füllte, als in Putumayo binnen zehn Jahren vierzigtausend Menschen von einer Bande europäischer Industrieritter zu Tode gemartert, der Rest eines Volkes zu Krüppel geschlagen wurde, als in China eine uralte Kultur unter Brand und Mord von der europäischen Soldateska allen Gräueln der Vernichtung und der Anarchie preisgegeben ward, als Persien ohnmächtig in der immer enger zugezogenen Schlinge der fremden Gewaltherrschaft erstickte, als in Tripolis die Araber mit Feuer und Schwert unter das Joch des Kapitals gebeugt, ihre Kultur, ihre Wohnstätten dem Erdboden gleichgemacht wurden – diese »Kulturwelt« ist erst heute gewahr geworden, dass der Biss der imperialistischen Bestien todbringend, dass ihr Odem Ruchlosigkeit ist. Sie hat es erst bemerkt, als die Bestien ihre reißenden Pranken in den eigenen Mutterschoß, in die bürgerliche Kultur Europas krallten. Und auch diese Erkenntnis ringt sich in der verzerrten Form der bürgerlichen Heuchelei durch, worin jedes Volk die Infamie nur in der nationalen Uniform des anderen erkennt. »Die deutschen Barbaren!« – wie wenn nicht jedes Volk, das zum organisierten Mord auszieht, sich in demselben Augenblick in eine Horde Barbaren verwandelte. »Die Kosaken-Gräuel!« – wie wenn nicht der Krieg an sich der Gräuel aller Gräuel, wie wenn die Anpreisung der Menschenschlächterei als Heldentum in einem sozialistischen Jugendblatt nicht geistiges Kosakentum in Reinkultur wäre!

Aber das heutige Wüten der imperialistischen Bestialität in den Fluren Europas hat noch eine Wirkung, für welche die »Kulturwelt« kein entsetztes Auge, kein schmerzzuckendes Herz hat: Das ist *der Massenuntergang des europäischen Proletariats.* Nie hat ein Krieg in diesem Maße ganze Volksschichten ausgerottet, nie hat er seit einem Jahrhundert derart sämtliche große und alte Kulturländer Europas ergriffen. Millionen Menschenleben werden in den Vogesen, in den Ardennen, in Belgien, in Polen, in den Karpathen, an der Save vernichtet, Millionen werden zu Krüppel geschlagen.

[…]

Hier erweist sich aber auch der heutige Weltkrieg nicht bloß als ein grandioser Mord, sondern auch als Selbstmord der europäischen Arbeiterklasse. Es sind ja die Soldaten des

Sozialismus, die Proletarier Englands, Frankreichs, Deutschlands, Russlands, Belgiens selbst, die einander auf Geheiß des Kapitals seit Monaten abschlachten, einander das kalte Mordeisen ins Herz stoßen, einander mit tödlichen Armen umklammernd, zusammen ins Grab hinabtaumeln.

[…]

Leitsätze über die Aufgaben der internationalen Sozialdemokratie

1. Der Weltkrieg hat die Resultate der vierzigjährigen Arbeit des europäischen Sozialismus zunichte gemacht, indem er die Bedeutung der revolutionären Arbeiterklasse als eines politischen Machtfaktors und das moralische Prestige des Sozialismus vernichtet, die proletarische Internationale gesprengt, ihre Sektionen zum Brudermord gegeneinander geführt und die Wünsche und Hoffnungen der Volksmassen in den wichtigsten Ländern der kapitalistischen Entwicklung an das Schiff des Imperialismus gekettet hat.

2. Durch die Zustimmung zu den Kriegskrediten und die Proklamation des Burgfriedens haben die offiziellen Führer der sozialistischen Parteien in Deutschland, Frankreich und England dem Imperialismus den Rücken gestärkt, die Volksmassen zum geduldigen Ertragen des Elends und der Schrecken des Krieges veranlasst und so zur zügellosen Entfesselung der imperialistischen Raserei, zur Verlängerung des Gemetzels und zur Vermehrung seiner Opfer beigetragen, die Verantwortung für den Krieg und seine Folgen mit übernommen.

3. Diese Taktik der offiziellen Parteiinstanzen der kriegführenden Länder, in allererster Linie in Deutschland, dem bisherigen führenden Lande der Internationale, bedeutet einen

Verrat an den elementarsten Grundsätzen des internationalen Sozialismus, an den Lebensinteressen der Arbeiterklasse, an allen demokratischen Interessen der Völker. Dadurch ist die sozialistische Politik auch in jenen Ländern zur Ohnmacht verurteilt worden, wo die Parteiführer ihren Pflichten treu geblieben sind: in Russland, Serbien, Italien.

4. Indem die offizielle Sozialdemokratie der führenden Länder den Klassenkampf im Kriege preisgab und auf die Zeit nach dem Kriege verschob, hat sie den herrschenden Klassen in allen Ländern Frist gewährt, ihre Position auf Kosten des Proletariats wirtschaftlich, politisch und moralisch ungeheuer zu stärken.

5. Der Weltkrieg dient weder der nationalen Verteidigung noch den wirtschaftlichen oder politischen Interessen irgendwelcher Volksmassen, er ist lediglich eine Ausgeburt imperialistischer Rivalitäten zwischen den kapitalistischen Klassen verschiedener Länder um die Weltherrschaft und um das Monopol in der Aussaugung und Auspowerung der letzten Reste der noch nicht vom Kapital beherrschten Gebiete. In der Ära dieses entfesselten Imperialismus kann es keine nationalen Kriege mehr geben. Die nationalen Interessen dienen nur als Täuschungsmittel, um die arbeitenden Volksmassen ihrem Todfeind, dem Imperialismus, dienstbar zu machen.

6. Aus der Politik der imperialistischen Staaten und aus dem imperialistischen Kriege kann für keine unterdrückte Nation Freiheit und Unabhängigkeit hervorsprießen. Die kleinen Nationen, deren herrschende Klassen Anhängsel und Mitschuldige ihrer Klassengenossen in den Großstaaten sind, bilden nur Schachfiguren in dem imperialistischen Spiel der Großmächte und werden ebenso wie deren arbeitende Massen während des Krieges als Werkzeug missbraucht, um nach dem Kriege den kapitalistischen Interessen geopfert zu werden.

7. Der heutige Weltkrieg bedeutet unter diesen Umständen bei jeder Niederlage und bei jedem Sieg eine Niederlage des Sozialismus und der Demokratie. Er führt bei jedem Ausgang – ausgenommen die revolutionäre Intervention des internationalen Proletariats – nur zur Stärkung des Militarismus und Marinismus, der internationalen Gegensätze, der weltwirtschaftlichen Rivalitäten und der Reaktion im Inneren (der Agrarier, der Scharfmacher, der Kartellindustrie, des Klerikalismus, des Chauvinismus, des Monarchismus) und umgekehrt zur Schwächung der öffentlichen Kontrolle, der Opposition sowie zur Herabdrückung der Parlamente zu gehorsamen Werkzeugen des Militarismus in allen Ländern. Der heutige Weltkrieg arbeitet so letzten Endes nur auf einen erneuten Ausbruch des Krieges nach kürzerer oder längerer Friedenspause hin.

8. Der Weltfriede kann weder durch internationale Schiedsgerichte kapitalistischer Diplomaten, noch durch diplomatische Abmachungen über »Abrüstung«, über sogenannte »Freiheit der Meere«, noch durch »europäische Staatenbünde«, »mitteleuropäische Zollvereine«, nationale Pufferstaaten und dergleichen utopische oder in ihrem Grunde reaktionäre Projekte gesichert werden. Imperialismus, Militarismus und Kriege sind nicht zu beseitigen oder einzudämmen, solange die kapitalistischen Klassen unbestritten ihre Klassenherrschaft ausüben. Die einzige Sicherung und die einzige Stütze des Weltfriedens ist der revolutionäre Wille und die politische Aktionsfähigkeit des internationalen Proletariats.

9. Der Imperialismus als letzte Lebensphase und höchste Entfaltung der politischen Weltherrschaft des Kapitals ist der gemeinsame Todfeind des Proletariats aller Länder, und gegen ihn muss der Klassenkampf im Frieden wie im Kriege in erster Linie konzentriert werden. Der Kampf gegen den Imperialismus ist für das internationale Proletariat zugleich der

Kampf um die politische Macht im Staate, die entscheidende Auseinandersetzung zwischen Sozialismus und Kapitalismus. Die Schicksale des sozialistischen Endzieles hängen davon ab, ob das internationale Proletariat sich dazu aufraffen wird, gegen den Imperialismus auf der ganzen Linie Front zu machen und die Losung: »Krieg dem Kriege« unter Aufbietung der vollen Kraft und des äußersten Opfermutes zur Richtschnur seiner praktischen Politik zu machen.

10. Zu diesem Zwecke richtet sich die Hauptaufgabe des Sozialismus heute darauf, das Proletariat aller Länder zu einer lebendigen revolutionären Macht zusammenzufassen, es durch eine starke internationale Organisation mit einheitlicher Auffassung seiner Interessen und Aufgaben, mit einheitlicher Taktik und politischer Aktionsfähigkeit im Frieden wie im Kriege zu dem entscheidenden Faktor des politischen Lebens zu machen, wozu es durch die Geschichte berufen ist.

11. Die II. Internationale ist durch den Krieg gesprengt. Die Unzulänglichkeit ihrer Organisation hat sich erwiesen durch ihre Unfähigkeit, einen wirksamen Damm gegen die internationale Zersplitterung im Kriege aufzurichten und eine gemeinsame Taktik und Aktion des Proletariats in allen Ländern durchzuführen.

12. Angesichts des Verrats der offiziellen Vertretungen der sozialistischen Parteien der führenden Länder an den Zielen und Interessen der Arbeiterklasse, angesichts ihrer Abschwenkung vom Boden der proletarischen Internationalen auf den Boden der bürgerlich-imperialistischen Politik ist es eine Lebensfrage des Sozialismus, eine neue Arbeiter-Internationale zu gründen, welche die Leitung und Zusammenfassung des revolutionären Klassenkampfes gegen den Imperialismus in allen Ländern übernehmen muss.

Sie wird auf folgenden Grundlagen aufgebaut:

a) Der Klassenkampf im Innern der bürgerlichen Staaten gegen die herrschenden Klassen und die internationale Solidarität der Proletarier aller Länder sind zwei unzertrennliche Lebensregeln der Arbeiterklasse in ihrem welthistorischen Befreiungskampfe. Es gibt keinen Sozialismus außerhalb der internationalen Solidarität des Proletariats, und es gibt keinen Sozialismus außerhalb des Klassenkampfes. Das sozialistische Proletariat kann weder im Frieden noch im Kriege auf Klassenkampf und auf internationale Solidarität verzichten, ohne Selbstmord zu begehen.

b) Die Klassenaktion des Proletariats aller Länder muss im Frieden wie im Kriege auf die Bekämpfung des Imperialismus und Verhinderung der Kriege als auf ihr Hauptziel gerichtet werden. Die parlamentarische Aktion, die gewerkschaftliche Aktion wie die gesamte Tätigkeit der Arbeiterbewegung muss dem Zwecke untergeordnet werden, das Proletariat in jedem Lande aufs Schärfste der nationalen Bourgeoisie entgegenzustellen, den politischen und geistigen Gegensatz zwischen beiden auf Schritt und Tritt hervorzukehren sowie gleichzeitig die internationale Zusammengehörigkeit der Proletarier aller Länder in den Vordergrund zu schieben und zu betätigen.

c) In der Internationale liegt der Schwerpunkt der Klassenorganisation des Proletariats. Die Internationale entscheidet im Frieden über die Taktik der nationalen Sektionen in Fragen des Militarismus, der Kolonialpolitik, der Handelspolitik, der Maifeier, ferner über die gesamte im Kriege einzuhaltende Taktik.

d) Die Pflicht der Disziplin gegenüber den Beschlüssen der Internationale geht allen anderen Organisationspflichten voran. Nationale Sektionen, die ihren Beschlüssen zuwiderhandeln, stellen sich außerhalb des internationalen Proletariats und entbinden ihre Mitglieder von allen Verpflichtungen sich gegenüber.

e) In den Kämpfen gegen den Imperialismus und den Krieg kann die entscheidende Wirkung nur von den kompakten Massen des Proletariats aller Länder in die Waagschale geworfen werden. Das Hauptaugenmerk der Taktik der nationalen Sektionen ist somit darauf zu richten, die breiten Massen zur politischen Aktionsfähigkeit zu erziehen, den internationalen Zusammenhang der Massenaktion zu sichern, die politischen und gewerkschaftlichen Organisationen dahin auszubauen, um durch ihre Vermittlung jederzeit aufs Rascheste und Wirksamste den Willen und die Beschlüsse der Internationale zur Tat der breitesten Arbeitermassen aller Länder zu machen.

f) Die zweite dringende Aufgabe des Sozialismus ist die geistige Befreiung des Proletariats von der Vormundschaft der Bourgeoisie, die sich in dem Einfluss der nationalistischen Ideologie äußert. Die nationalen Sektionen haben ihre Agitation in den Parlamenten wie in der Presse dahin zu richten, um die überlieferte Phraseologie des Nationalismus als bürgerliches Herrschaftsinstrument zu denunzieren. Die einzige Verteidigung aller wirklichen nationalen Freiheit ist heute der revolutionäre Kampf gegen den Imperialismus; das Vaterland der Proletarier, dessen Verteidigung alles andere untergeordnet werden muss, ist die sozialistische Internationale.

(Die Krise der Sozialdemokratie, GW 4, 52–163; 43–47)

»Wir brauchen Demokratie wie die Luft zum Atmen«

Basisdemokratie statt Kadavergehorsam

In ihrer Auseinandersetzung mit Lenin und den Bolschewiki insgesamt wendet sich Rosa Luxemburg zunächst scharf gegen den Zentralismus innerhalb der Parteiorganisation der russischen Sozialdemokratie selbst. Der revolutionäre Kampf darf in seinen Methoden und in seiner Organisation nicht genau das widerspiegeln, was er bekämpft, im Gegenteil: Er muss im Kampf die Grundprinzipien der neuen Gesellschaft selbst vorwegnehmen. Die Subjekte, die zu Trägern der künftigen Gesellschaft werden sollen, werden ja gerade im Ringen um diese neue Gesellschaft herangebildet. Der Kampf um eine neue Gesellschaft erfüllt nicht zuletzt den Sinn, dass sich die Subjekte selbst von den verinnerlichten Strukturen des kapitalistischen Gesellschaftsverhältnisses freimachen. Im Gegensatz zum Kapitalismus, der nach seinen unerbittlichen Gesetzen ganz ohne die beteiligten Subjekte funktioniert und der sich ja gerade dadurch auszeichnet, dass er zur sachlichen Gewalt über die Subjekte wird (vgl. TS 244–257), muss eine sozialistische Gesellschaft, die immer nur eine demokratische im emphatischen Sinne des Wortes sein kann, aktiv getragen sein von den Menschen. Dahinter steht zunächst die Überzeugung, dass der Kapitalismus in unversöhnlichem Widerspruch zur Demokratie steht, dass auf dem Boden der kapitalistischen Ökonomie echte Demokratie nie und nimmer gedeihen kann. Diese Einsicht steht der heutigen landläufigen Meinung entgegen, wird doch ständig das Gegenteil propagiert, nämlich dass nur die kapitalistische Marktwirtschaft mit demokratischen Spielregeln vereinbar sei. Rein formale demokratische Verfahren und Institutionen garantieren jedoch keineswegs materiale Demokratie, das heißt echte Partizipation in dem Sinne, dass die Menschen wirklich inhaltlich darüber entscheiden, was ihr Leben bestimmt. Solange die ökonomische Basis von den Gesetzen der kapitalistischen Konkurrenz und des Profitstrebens einzelner Kapitalien beherrscht ist, hat weder das Wahlvolk die Souveränität, seinen politischen Willen wirklich zu artikulieren (ist es doch in seiner materiellen Existenz abhängig von den Wirtschaftsmächten), noch haben die formal demokratisch eingesetzten Institutionen und Mandatsträger einen echten Handlungsspielraum gegenüber der »Wirtschaft«. Sie sind in ihren Entscheidungen jederzeit vom Kapital erpressbar und können im Wesentlichen nur das nachvollziehen, was ihnen die Imperative der kapitalistischen Ökonomie vorgeben. Die Redeweise von der »marktkonformen Demokratie« ist in dieser Hinsicht entlarvend genug. Demokratie setzt also voraus, dass auch und gerade die materielle Basis, die Ökonomie, dem bewussten Willen der beteiligten Subjekte und nicht den »Sachzwängen« der Kapitalverwertung unterworfen ist. Wer in diesem demokratischen Geist für eine andere Gesellschaft kämpft, darf in diesem Kampf allerdings nicht selbst genau das reproduzieren, was er zu bekämpfen vorgibt. Hinter Luxemburgs Stellungnahme gegen die Bolschewiki steckt die tiefe Überzeugung, dass Demokratie niemals zur Disposition stehen darf, dass sie keine Luxuszugabe ist, die man in historisch günstigen Umständen gewährt, dass sie ebenso wenig relativierbar ist wie etwa die Menschenrechte insgesamt. Dass die Menschen ihre Geschichte »mit Willen und Bewusstsein« gestalten, ist ja gerade der Inhalt der neuen Gesellschaft, die man anstrebt. Die sachliche Herrschaft des Kapitals glaubhaft und wirksam bekämpfen kann man nur, wenn man in der eigenen Kampforganisation das verwirklicht, wofür man gesamtgesellschaftlich eintritt. Jedes Szenario gesellschaftlicher Transformation muss daher das Bewusstsein und den Veränderungswillen der Menschen selbst fördern, um danach Strukturen zu entwickeln, die ein Höchstmaß an Partizipation gewährleisten.

[…]
Vom Standpunkt der formalen Aufgaben der Sozialdemokratie als einer Kampfpartei erscheint der Zentralismus in ihrer Organisation von vornherein als eine Bedingung, von deren Erfüllung die Kampffähigkeit und die Tatkraft der Partei in direktem Verhältnis abhängen. Allein viel wichtiger als die Gesichtspunkte der formalen Erfordernisse jeder Kampforganisation sind hier die spezifischen historischen Bedingungen des proletarischen Kampfes.

Die sozialdemokratische Bewegung ist die erste in der Geschichte der Klassengesellschaften, die in allen ihren Momenten, im ganzen Verlauf auf die Organisation und die selbstständige direkte Aktion der Masse berechnet ist.

[…]

Daraus ergibt sich schon, dass die sozialdemokratische Zentralisation nicht auf blindem Gehorsam, nicht auf der mechanischen Unterordnung der Parteikämpfer unter eine Zentralgewalt basieren kann und dass andererseits zwischen dem bereits in feste Parteikadres organisierten Kern des klassenbewussten Proletariats und den vom Klassenkampf bereits ergriffenen, im Prozess der Klassenaufklärung befindlichen umliegenden Schicht nie eine absolute Scheidewand aufgerichtet werden kann. Die Aufrichtung der Zentralisation in der Sozialdemokratie auf diesen zwei Grundsätzen – auf der blinden Unterordnung aller Parteiorganisationen mit ihrer Tätigkeit bis ins kleinste Detail unter eine Zentralgewalt, die allein für alle denkt, schafft und entscheidet, sowie auf der schroffen Abgrenzung des organisierten Kernes der Partei von dem ihm umgebenden revolutionären Milieu, wie sie von Lenin verfochten wird, erscheint uns deshalb als eine mechanische Übertragung der Organisationsprinzipien der blanquistischen[3] Bewegung von Verschwörerzirkeln auf die sozialdemokratische Bewegung der Arbeitermassen.

[…]

Die »Disziplin«, die Lenin meint, wird dem Proletariat keineswegs bloß durch die Fabrik, sondern auch durch die Kaserne, auch durch den modernen Bürokratismus, kurz – durch den Gesamtmechanismus des zentralisierten bürgerlichen Staates eingeprägt. Doch ist es nichts als eine missbräuchliche Anwendung des Schlagwortes, wenn man gleichmäßig als »Disziplin« zwei so entgegengesetzte Begriffe bezeichnet, wie die Willen- und Gedankenlosigkeit einer vielbeinigen und vielarmigen Fleischmasse, die nach dem Taktstock mechanistische Bewegungen ausführt, und die freiwillige Koordinierung von bewussten politischen Handlungen einer gesellschaftlichen Schicht; wie den Kadavergehorsam einer beherrschten Klasse und die organisierte Rebellion einer um die Befreiung ringenden Klasse. Nicht durch die Anknüpfung an die ihm durch den kapitalistischen Staat eingeprägte Disziplin – mit der bloßen Übertragung des Taktstocks aus der Hand der Bourgeoisie in die eines sozialdemokratischen Zentralkomitees –, sondern durch die Durchbrechung, Entwurzelung dieses sklavischen Disziplingeistes kann der Proletarier erst für die neue Disziplin – die freiwillige Selbstdisziplin der Sozialdemokratie – erzogen werden.

[…]

3 Louis Auguste Blanqui (1805–1881) wurde die Auffassung zugeschrieben, dass eine soziale Revolution nur von oben, ausgehend von einem kleinen Zirkel von Verschwörern und ohne Massenbasis, erfolgen könne.

Fehltritte, die eine wirklich revolutionäre Arbeiterbewegung begeht, sind geschichtlich unermesslich fruchtbarer und wertvoller als die Unfehlbarkeit des allerbesten »Zentralkomitees«.

(Organisationsfragen der russischen Sozialdemokratie, in: GW 1/2, 427–444)

Geburtsfehler der russischen Revolution

Ein unvollendet gebliebenes Manuskript, das erst nach dem Tod Rosa Luxemburgs bekannt wurde und das zu ihren Lebzeiten lediglich ihr Vertrauter Paul Levi kannte, gehört zu ihrem wichtigsten Erbe. Interessant wäre es zu wissen, wie die eigentlichen Adressaten dieser Schrift, Lenin, Trotzki und die Bolschewiki insgesamt, wohl darauf reagiert hätten. Luxemburg schrieb diesen Text im September/Oktober 1918. Anlass war der zunehmende Terror der Bolschewiki (etwa die Erschießung einiger Hundert Sozialrevolutionäre nach einem Putsch), den auch heute noch linke Apologeten verharmlosen oder als Reaktion auf die Gegenrevolution der Weißgardisten beschreiben – was nachweislich nicht stimmt. Luxemburg war sich der welthistorischen Einzigartigkeit der russischen Revolution und auch der schwierigen Umstände wohl bewusst. Gegen jegliche Art von Apologetik versäumt sie es jedoch nicht, auf die entscheidenden Geburtsfehler hinzuweisen, die – wie wir heute als die Nachgeborenen wissen – letztlich dem Totalitarismus den Weg bereiteten. Die inhaltlich wichtigste Passage dieser Schrift betrifft das *Verhältnis von Diktatur (des Proletariats) und Demokratie*. Anlass war die Aufhebung der aus freien Wahlen hervorgegangenen Konstituante (verfassunggebende Versammlung). Als theoretische Rechtfertigung im Hintergrund steht allerdings ein Konzept von Karl Marx, seine »Diktatur des Proletariats«. Kaum ein Begriff aus der Marx'schen Tradition ist so gründlich missverstanden und verzerrt worden wie eben dieser. Wegen dessen Bedeutung und – teilweise verhängnisvollen – Wirkungsgeschichte sei deshalb hier näher darauf eingegangen.

Inhaltlich geht es bei Marx darum, auf welche Weise man in einer revolutionären Situation ein Rollback der reaktionären Kräfte verhindern kann, mit welchen Mitteln die Mehrheit der Menschen die Errungenschaften der Revolution sichern kann. Es geht also um die konkrete Gestaltung des Übergangs zur sozialistischen Gesellschaft. Die Annahme, dass Marx in dieser Hinsicht ein allgemeingültiges Konzept vorgelegt hätte, ist jedoch irrig. Der Begriff »Diktatur des Proletariats« taucht an einigen verstreuten Stellen seines Werkes immer wieder in kurzen Passagen auf. Diese Passagen haben eher tagespolitischen Charakter, sind eine Reaktion innerhalb eines ganz bestimmten historischen Kontextes, und man kann nachvollziehen, wie sich das, was Marx inhaltlich damit verband, je nach Situation verändert hat. Nach meiner Kenntnis taucht dieser Begriff bei Marx zum ersten Mal während des Revolutionsjahres 1848 in seiner *Neuen Rheinischen Zeitung* auf. Inmitten der revolutionären Situation von 1848 schreibt Marx: »Jeder provisorische Staatszustand nach einer Revolution erfordert eine Diktatur, und zwar eine energische Diktatur.« (MEW 5, 402) Er spricht in diesem Zusammenhang, ähnlich wie nach ihm die Bolschewiki, von »konstitutionellen Träumereien« und von der Notwendigkeit, die Überbleibsel der alten Institutionen (Bürokratie und Armee) konsequent zu entfernen. In seiner aus einer Artikelfolge hervorgegangenen Schrift *Die Klassenkämpfe in Frankreich 1848 bis 1850* leistet Marx noch einmal eine Reflexion der Revolutionsjahre und der politischen Lehren, die daraus zu ziehen wären. Er greift darin den Begriff der *Diktatur des Proletariats* noch einmal auf, unterscheidet den *revolutionären Sozialismus* von einem utopischen doktrinären und präzisiert nun: »Dieser Sozialismus ist die Permanenzerklärung der Revolution, die Klassendiktatur des Proletariats als notwendiger Durchgangspunkt zur Abschaffung der Klassenunterschiede überhaupt, zur Abschaffung sämtlicher Produktionsverhältnisse, worauf sie beruhen, zur Abschaffung sämtlicher gesellschaftlicher Beziehungen, die diesen Produktionsverhältnissen entsprechen, zur Umwälzung sämtlicher Ideen, die aus diesen gesellschaftlichen Beziehungen hervorgehen.« (MEW 7, 89–90) Marx wird noch mehrmals in seinem späteren Werk auf den Sachverhalt bzw. den Ausdruck selbst zurückkommen, zum letzten Mal in seiner

Schrift *Zur Kritik des Gothaer Programms*. Es geht Marx dabei, wie gesagt, lediglich um die Frage, wie in einer akuten revolutionären Situation die Bevölkerungsmehrheit ein reaktionäres Rollback verhindern kann. Aus diesem für die akute Situation gedachten Konzept die Legitimation eines totalitären Apparats, einer proletarischen Partei u. ä. zu machen, ist im Anschluss an Marx nicht legitim. Und: Der Ausdruck ist insofern höchst missverständlich, weil er mit dem, was wir heute landläufig unter »Diktatur« verstehen, wenig zu tun hat. Keineswegs geht es etwa um die Aufhebung individueller Freiheitsrechte, um Einschränkung der Pressefreiheit oder Ähnliches. Nimmt man alle verstreuten diesbezüglichen Bemerkungen Marx' zusammen, so ergeben sich zwei Grundelemente dieser »Diktatur«: die Abschaffung des stehenden Heeres und die Abschaffung der politischen Funktion der Polizei! Marx hat, was die Vorstellung vom Übergang in die sozialistische Gesellschaft betrifft, durchaus Lernprozesse durchgemacht. Während er im *Achtzehnten Brumaire* offensichtlich noch meint, dass der bestehende Staatsapparat mit seinen Institutionen einfach übernommen werden könne, geht er nach den Erfahrungen der Pariser *Commune* davon aus, dass diese Institutionen selbst in einem »basisdemokratischen« Sinne (Delegation der Macht von unten nach oben) radikal verändert werden müssten. Friedrich Engels schreibt dazu: »… gegenüber den praktischen Erfahrungen, zuerst der Februarrevolution, und noch weit mehr der Pariser Kommune, wo das Proletariat zum ersten Mal zwei Monate lang die politische Gewalt innehatte, ist heute dies Programm stellenweise veraltet. Namentlich hat die Kommune den Beweis geliefert, dass die Arbeiterklasse nicht die fertige Staatsmaschine einfach in Besitz nehmen und sie für ihre eignen Zwecke in Bewegung setzen kann« … (MEW 18, 96) Für Marx war die *Commune* zunächst demokratisch durch Wahlen legitimiert und somit die authentische Vertretung aller Elemente der Gesellschaft. Und er zeigt auf, wie die Staatsmacht, die sich zu einem Unterdrückungsinstrument der Arbeiterklasse entwickelt hatte, nun verändert wird im Dienst der wahren Interessen des Volkes. Marx zählt die institutionellen Reformen auf, mit deren Hilfe man diese Veränderung bewerkstelligte. Dazu gehört zunächst die Beseitigung der repressiven Elemente der alten Ordnung, das heißt die

Abschaffung des stehenden Heeres und der politischen Funktion der Polizei. Die Beamten aller Verwaltungszweige sind durch rechenschaftspflichtige und jederzeit abrufbare Vertreter der Arbeiterklasse zu ersetzen. Sie verrichten ihren Dienst gegen ein Entgelt, das einem Arbeiterlohn entspricht. Die Trennung von Kirche und Staat wird konsequent durchgesetzt und allen wird eine freie Schulbildung garantiert. Problematisch ist allerdings, dass Marx auch lobend hervorhebt, die richterlichen Beamten hätten ihre »scheinbare Unabhängigkeit« verloren und sollten nun gewählt, verantwortlich und absetzbar sein. Nimmt dies nicht jene Aufhebung der Gewaltenteilung vorweg, die ein wesentliches Kennzeichen jeder demokratischen Ordnung sein muss? Nimmt dies nicht eben jenen Geburtsfehler etwa der russischen Oktoberrevolution vorweg, der letztlich dem Totalitarismus den Weg geebnet hat?

Rosa Luxemburg beharrt jedenfalls nun mit Nachdruck darauf, dass der *Inhalt* der Diktatur des Proletariates nichts anderes sein könne als *Demokratie im emphatischen Sinne*. Die Ablehnung der bloß formalen bürgerlichen Demokratie impliziert keineswegs deren Abschaffung, sondern im Gegenteil: Ihr Anspruch kann erst auf dem Boden des Sozialismus eingelöst werden! Sozialistinnen und Sozialisten haben deshalb die Errungenschaften der bürgerlichen Demokratie keineswegs auf den Kehrrichthaufen der Geschichte zu werfen, sondern sie allererst zu verwirklichen! Axel Honneth hat in seinem brillanten kleinen Buch *Die Idee des Sozialismus* rückblickend die Fehler der unterschiedlichen sozialistischen Strömungen reflektiert, die es zu korrigieren gilt, wenn man heute die Grundidee einer Wirtschafts- und Gesellschaftsordnung jenseits des Kapitalismus nicht preisgeben will. Er plädiert dafür, den Sozialismus konsequent von den »Schlacken des 19. Jahrhunderts« zu befreien. Neben einer Mentalität, die im Industrialismus und Produktivismus des 19. Jahrhunderts befangen ist, hält er die Vernachlässigung der Formen politischer Willensbildung und der Herstellung einer demokratischen Öffentlichkeit für einen wesentlichen blinden Fleck. Aus der grundsätzlich richtigen Erkenntnis heraus, dass die materiale Ebene der Produktion, die Ökonomie selbst, politisch gestaltet werden muss, anstatt sie der Anarchie privater Profitinteressen auszuliefern, ergab sich eine stiefmütterliche Behandlung der Idee der politischen Demokratie selbst und eine Unterschätzung der Gestaltung dieses Bereiches. Es wurde versäumt, die liberalen Grundrechte in das eigene Denken einzuarbeiten und die Rolle der demokratischen Willensbildung als eigene Sphäre in den Blick zu nehmen (vgl. Honneth 2015, vor allem 121–166). Rosa Luxemburgs Kritik der russischen Revolution ist ein hervorragender Anknüpfungspunkt für diese so notwendige Selbstkritik der sozialistischen Bewegung in ihren vielfältigen Strömungen. Hinter ihre Einsicht, dass Freiheit stets die Freiheit der Andersdenkenden ist und nicht als Privileg von oben großzügig gewährt wird, darf kein politisches Konzept zurückfallen. Wie sehr Luxemburg noch im späten 20. Jahrhundert geeignet war, einer bürokratischen Nomenklatura die Stirn zu bieten, zeigte die Tatsache, dass eine selbstbewusste Opposition in der damaligen DDR dieses unvergessliche Wort Luxemburgs aufgriff, um die Machthaber am Maßstab ihrer eigenen Tradition zu entlarven.

»*Für die proletarische Diktatur* ist sie [die Erziehung der Volksmasse] das Lebenselement, die Luft, ohne die sie nicht zu existieren vermag.« Ganz offensichtlich hat der Generalsekretär der KPdSU, Michail Gorbatschow, als er seine mutige Politik von Glasnost und Perestroika ins Werk setzte, bei Rosa Luxemburg Anleihe genommen und jenes Wort geprägt, das als Überschrift dieses Kapitels gewählt wurde: »Wir brauchen Demokratie wie die Luft zum Atmen.« Eine ungeahnte Fernwirkung von Luxemburgs Kritik an Lenin und den Bolschewiki.

[…]

Eine hervorragende Rolle in der Politik der Bolschewiki spielte die bekannte Auflösung der Konstituierenden Versammlung im November 1917. Diese Maßnahme war bestimmend für ihre weitere Position, sie war gewissermaßen der *Wendepunkt ihrer Taktik*. Es ist eine Tatsache, dass Lenin und Genossen bis zu ihrem Oktobersiege die Einberufung der Konstitutionsversammlung stürmisch forderten, dass gerade die Verschleppungspolitik der Kerenski-Regierung in dieser Sache einen Anklagepunkt der Bolschewiki gegen jene Regierung bildete und ihnen zu heftigsten Ausfällen Anlass gab. […] Und nun war […] der *erste Schritt Lenins* nach der Oktoberrevolution – die *Auseinandertreibung derselben Konstituierenden Versammlung, zu der sie den Eingang bilden* sollte […]

Wie sehr widerspricht dem alle geschichtliche Erfahrung! Diese zeigt uns umgekehrt, dass das lebendige Fluidum der Volksstimmung beständig die Vertretungskörperschaften umspült, in sie eindringt, sie lenkt. Wie wäre es sonst möglich, dass wir in jedem bürgerlichen Parlament zu Zeiten die ergötzlichsten Kapriolen der »Volksvertreter« erleben, die plötzlich von einem neuen »Geist« belebt, ganz unerwartete Töne hervorbringen, dass die vertrockneten Mumien sich zu Zeiten jugendlich gebärden und die verschiedenen Scheidemännchen auf einmal in ihrer Brust revolutionäre Töne finden – wenn es in den Fabriken, Werkstätten und auf der Straße rumort?

Und diese ständig lebendige Einwirkung der Stimmung und der politischen Reife der Massen auf die gewählten Körperschaften sollte gerade in einer Revolution vor dem starren Schema der Parteischilder und der Wahllisten versagen? Gerade umgekehrt! *Gerade die Revolution schafft* durch ihre Gluthitze *jene dünne, vibrierende, empfängliche politische Luft, in der die Wellen der Volksstimmung*, der Pulsschlag des Volkslebens augenblicklich *in wunderbarster Weise auf die Vertretungskörperschaften einwirken*. Gerade darauf beruhen ja immer die bekannten effektvollen Szenen aus dem Anfangsstadium aller Revolutionen, wo alte reaktionäre oder höchst gemäßigte unter altem Regime aus beschränktem Wahlrecht gewählte Parlamente plötzlich zu heroischen Wortführern des Umsturzes, zu Stürmern und Drängern werden. Das klassische Beispiel bietet ja das berühmte »lange Parlament« in England …

[…]

Das alles *zeigt, dass »der schwerfällige Mechanismus« der demokratischen Institutionen einen kräftigen Korrektor hat* – eben *in der lebendigen Bewegung der Massen*, in ihrem unausgesetzten Druck. Und je demokratischer die Institution, je lebendiger und kräftiger der Pulsschlag des politischen Lebens der Masse ist, umso unmittelbarer und genauer ist die Wirkung – trotz starrer Parteischilder, veralteter Wahllisten etc. Gewiss, jede demokratische Institution hat ihre Schranken und Mängel, was sie wohl mit sämtlichen menschlichen Institutionen teilt. Nur ist das *Heilmittel, das Trotzki und Lenin gefunden: die Beseitigung der Demokratie* überhaupt, *noch schlimmer als das Übel*, dem es steuern soll. Es verschüttet nämlich den lebendigen Quell selbst, aus dem heraus alle angeborenen Unzulänglichkeiten der sozialen Institutionen allein korrigiert werden können, das aktive, ungehemmte, energische politische Leben der breitesten Volksmassen.

[…]

Hingegen ist es eine offenkundige unbestreitbare Tatsache, dass ohne freie ungehemmte Presse, ohne ungehindertes Vereins- und Versammlungsleben gerade die Herrschaft breiter Volksmassen völlig undenkbar ist. Lenin sagt: Der bürgerliche Staat sei ein Werkzeug zur Unterdrückung der Arbeiterklasse, der sozialistische zur Unterdrückung der Bourgeoisie. Es sei bloß gewissermaßen der *auf den Kopf gestellte kapitalistische Staat*. Diese vereinfachte Auffassung sieht von dem Wesentlichsten ab: Die bürgerliche Klassenherrschaft brauchte keine politische Schulung und Erziehung der ganzen Volksmasse, wenigstens nicht über gewisse enggezogene Grenzen hinaus. *Für die proletarische Diktatur* ist sie das Lebenselement, die Luft, ohne die sie nicht zu existieren vermag …

Freiheit nur für die Anhänger der Regierung, nur für Mitglieder einer Partei – mögen sie noch so zahlreich sein – *ist keine Freiheit*. Freiheit ist immer nur Freiheit des anders Denkenden. Nicht wegen des Fanatismus der »Gerechtigkeit«, sondern weil all das Belehrende, Heilsame und Reinigende der politischen Freiheit an diesem Wesen hängt und seine Wirkung versagt, wenn die »Freiheit« zum Privilegium wird.

[…]

Die Praxis des Sozialismus erfordert eine ganze *geistige Umwälzung in den* durch Jahrhunderte der bürgerlichen Klassenherrschaft degradierten *Massen*. Soziale Instinkte anstelle egoistischer, Masseninitiative anstelle Trägheit, Idealismus, der über alle Leiden hinwegträgt usw. usw. Niemand weiß das besser, schildert das eindringlicher, wiederholt das hartnäckiger als *Lenin*. Nur *vergreift er sich völlig im Mittel. Dekret, diktatorische Gewalt* der *Fabrikaufseher, drakonische Strafen, Schreckensherrschaft,* das sind alles Palliative. Der *einzige Weg zur Wiedergeburt ist die Schule des öffentlichen Lebens selbst, uneingeschränkteste breiteste Demokratie, öffentliche Meinung.*

[…]

Der Grundfehler der Lenin-Trotzki'schen Theorie ist eben der, dass sie die *Diktatur*, genau wie Kautsky, *der Demokratie entgegenstellen*. »Diktatur oder Demokratie« heißt die Fragestellung sowohl bei den Bolschewiki wie bei Kautsky. Dieser entscheidet sich natürlich für die Demokratie, und zwar für die *bürgerliche* Demokratie, da er sie eben als die Alternative der sozialistischen Umwälzung hinstellt. Lenin-Trotzki entscheiden sich umgekehrt für die Diktatur im Gegensatz zur Demokratie und damit für die *Diktatur einer Handvoll Personen*, d. h. für die *Diktatur nach bürgerlichem Muster*. Es sind zwei Gegenpole, beide gleich weit entfernt von der wirklichen sozialistischen Politik. Das Proletariat kann, wenn es die Macht ergreift, nimmermehr nach dem guten Rat Kautskys unter dem Vorwand der »Unreife des Landes« auf die sozialistische Umwälzung verzichten und sich nur der Demokratie widmen, ohne an sich selbst, an der Internationale, an der Revolution Verrat zu üben. Es *soll und muss eben sofort sozialistische Maßnahmen in energischster, unnachgiebigster, rücksichtslosester Weise in Angriff nehmen*, also Diktatur ausüben, aber Diktatur der *Klasse*, nicht einer Partei oder Clique, Diktatur der Klasse, d. h. in breitester Öffentlichkeit, unter tätigster ungehemmter Teilnahme der Volksmassen, in unbeschränkter Demokratie. »Als Marxisten sind wir nie Götzendiener der formalen Demokratie gewesen«, schreibt Trotzki. Gewiss, wir sind nie Götzendiener der formalen Demokratie gewesen. Wir sind auch nie Götzendiener des Sozialismus oder des Marxismus gewesen. Folgt etwa daraus, dass wir auch den Sozialismus, den Marxismus, wenn es uns unbequem wird [...], in die Rumpelkammer werfen dürfen? Trotzki und Lenin sind die lebendige Verneinung dieser Frage. Wir sind nie Götzendiener der formalen Demokratie gewesen, das heißt nur: *Wir unterscheiden stets den sozialen Kern von der politischen Form der bürgerlichen Demokratie*, wir enthüllen stets den herben Kern der sozialen Ungleichheit und Unfreiheit unter der süßen Schale der formalen Gleichheit und Freiheit – nicht um diese zu verwerfen, sondern *um die Arbeiterklasse dazu anzustacheln*, sich nicht mit der Schale zu begnügen, vielmehr *die politische Macht zu erobern*, um sie mit neuem sozialen Inhalt zu füllen. Es ist die historische *Aufgabe* des Proletariats, wenn es zur Macht gelangt, *anstelle der bürgerlichen Demokratie sozialistische Demokratie zu schaffen*, nicht jegliche Demokratie abzuschaffen. Sozialistische Demokratie beginnt aber *nicht erst im gelobten Lande*, wenn der Unterbau der sozialistischen Gesellschaft geschaffen ist, *als fertiges Weihnachtsgeschenk für das brave Volk*, das inzwischen treu die Handvoll sozialistischer Diktatoren unterstützt hat. Sozialistische Demokratie *beginnt zugleich mit dem Abbau der Klassenherrschaft und dem Aufbau des Sozia-*

lismus. Sie beginnt mit dem Moment der Machteroberung durch die sozialistische Partei. Sie *ist nichts anderes als die Diktatur des Proletariats.*

Jawohl: Diktatur! Aber diese Diktatur besteht in der Art der Verwendung der Demokratie, nicht in ihrer Abschaffung, in energischen, entschlossenen Eingriffen in die wohlerworbenen Rechte und wirtschaftlichen Verhältnisse der bürgerlichen Gesellschaft, ohne welche sich die sozialistische Umwälzung nicht verwirklichen lässt. Aber diese Diktatur muss das Werk der Klasse, und nicht einer kleinen, führenden Minderheit im Namen der Klasse sein, d. h. sie muss auf Schritt und Tritt aus der aktiven Anteilnahme der Massen hervorgehen, unter ihrer unmittelbaren Beeinflussung stehen, der Kontrolle der gesamten Öffentlichkeit unterstehen, aus der wachsenden politischen Schulung der Volksmassen hervorgehen.

(Zur russischen Revolution, in: GW 4, 353–364)

»Die proletarische Revolution … hasst und verabscheut den Menschenmord«

Der Spartakusbund hatte seinen Ursprung in der »Gruppe Internationale«, die seit Kriegsbeginn in Opposition zur Mehrheit der Sozialdemokratie stand. Seit 1916 nannte sich der kleine Kreis Spartakusgruppe, und 1917 schloss sich dieser Gruppe die USPD, die Unabhängige sozialdemokratische Partei an, die wiederum aus sozialdemokratischen Abgeordneten hervorgegangen war, welche im Verlauf des Ersten Weltkriegs die Zustimmung zu den weiteren Kriegskrediten verweigert hatten und deshalb aus der Fraktion ausgeschlossen worden waren. 1918 erfolgte die Neugründung des Spartakusbundes, aus dem dann am 31. Dezember 1918 die KPD, die Kommunistische Partei Deutschlands, hervorging. Die Namensgebung erfolgte übrigens gegen den Willen Rosa Luxemburgs, die die Bezeichnung »sozialistisch« bevorzugte.

Dass auch eine Person wie Rosa Luxemburg nicht frei von Widersprüchen war, dass sich ihre Grundoptionen in der konkreten Situation nicht immer durchhalten ließen, das zeigte sich vor allem in den revolutionären Wochen Ende 1918 bis zu ihrer Ermordung im Januar 1919. Es war für sie eine äußerst schmerzliche Erfahrung, dass die russische Revolution keineswegs die Utopie von Freiheit und Demokratie verwirklichte. Hatte sie Lenin in ihrer Schrift *Zur russischen Revolution* noch heftig dafür kritisiert, dass er die Konstituante aufgehoben hat, so plädierte sie nun während der deutschen revolutionären Ereignisse selbst ausschließlich für Arbeiter- und Soldatenräte. Luxemburgs eigenes Ringen in diesen turbulenten Wochen macht die Spannungen zwischen ihren hohen Ansprüchen und den notwendigen historischen Kompromissen deutlich. Luxemburg war nicht mehr bereit, auf dem Boden der bürgerlichen Demokratie Politik zu machen. Sie votierte dennoch für die Beteiligung an den Wahlen zur Nationalversammlung, konnte sich aber damit letztlich nicht durchsetzen. Niemals aber, so schreibt sie in ihrer hier in Auszügen wiedergegebenen Programmschrift *Was will der Spartakusbund?*, werde die Machtübernahme gegen den Willen der Mehrheit, allein durch eine kleine Clique erfolgen. Dasselbe gilt für die Gewaltfrage. Luxemburg plädiert hier in eindringlichen Formulierungen für unbedingte Gewaltfreiheit. Dem Spartakusaufstand selbst hat sie nur widerwillig zugestimmt; allzu realistisch schätzte sie die Machtverhältnisse ein. Sie verhielt sich aber dennoch loyal, vor allem aufgrund ihrer Auffassung, dass man nie hinter die Radikalität zurückfallen dürfe, die von der spontanen Bewegung der Massen selbst ausgehe.

Vor allem angesichts von in Teilen der Linken immer noch vorherrschenden, oftmals pubertär anmutenden Gewaltfantasien ist Luxemburgs Vermächtnis von aktueller Bedeutung. Luxemburg hatte ja insgesamt im Verlauf der Geschichte einen Fortschritt hinsichtlich der Zivilisierung revolutionärer Kämpfe festgestellt (s. weiter oben, S. 46). Im Gegensatz zur turbulenten Nachkriegssituation sind heutige Szenarien gesellschaftlicher Transformation umso mehr darauf verwiesen, sich auf das breite Repertoire gewaltfreien Widerstands, zivilen Ungehorsams, des Aufbaus ökonomischer Initiativen von unten, der Delegitimierung des herrschenden Systems, der Erringung von Hegemonie als Voraussetzung der Überwindung des kapitalistischen Gesellschaftsverhältnisses, des Kampfes um die Institutionen der Zivilgesellschaft usw. zurückzugreifen. Die ethischen Ansprüche, mit denen der Kampf um eine solidarische, humane und ökologisch nachhaltige Gesellschaft verbunden ist, dürfen in den Ausdrucksformen dieses Kampfes nicht unterboten werden.

[…]

Der Weltkrieg hat die Gesellschaft vor die Alternative gestellt: entweder Fortdauer des Kapitalismus, neue Kriege und baldigster Untergang im Chaos und in der Anarchie oder Abschaffung der kapitalistischen Ausbeutung.

Mit dem Ausgang des Weltkrieges hat die bürgerliche Klassenherrschaft ihr Daseinsrecht verwirkt. Sie ist nicht mehr imstande, die Gesellschaft aus dem furchtbaren wirtschaftlichen Zusammenbruch herauszuführen, den die imperialistische Orgie hinterlassen hat.

[…]

Aus all dieser blutigen Wirrsal und diesem gähnenden Abgrund gibt es keine Hilfe, keinen Ausweg, keine Rettung als im Sozialismus. Nur die Weltrevolution des Proletariats kann in dieses Chaos Ordnung bringen, kann allen Arbeit und Brot verschaffen, kann der gegenseitigen Zerfleischung der Völker ein Ende machen, kann der geschundenen Menschheit Frieden, Freiheit, wahre Kultur bringen. Nieder mit dem Lohnsystem! Das ist die Losung der Stunde. Anstelle der Lohnarbeit und der Klassenherrschaft soll die genossenschaftliche Arbeit treten. Die Arbeitsmittel müssen aufhören, das Monopol einer Klasse zu sein, sie müssen Gemeingut aller werden. Keine Ausbeuter und Ausgebeuteten mehr! Regelung der Produktion und Verteilung der Produkte im Interesse der Allgemeinheit. Abschaffung wie der heutigen Produktionsweise, die Ausbeutung und Raub, so des heutigen Handels, der nur Betrug ist.

Anstelle der Arbeitgeber und ihrer Lohnsklaven freie Arbeitsgenossen! Die Arbeit niemandes Qual, weil jedermanns Pflicht! Ein menschenwürdiges Dasein jedem, der seine Pflicht gegen die Gesellschaft erfüllt. Der Hunger hinfür nicht mehr der Arbeit Fluch, sondern des Müßiggängers Strafe!

Erst in einer solchen Gesellschaft sind Völkerhass, Knechtschaft entwurzelt. Erst wenn eine solche Gesellschaft verwirklicht ist, wird die Erde nicht mehr durch Menschenmord geschändet. Erst dann wird es heißen: Dieser Krieg ist der letzte gewesen.

Sozialismus ist in dieser Stunde der einzige Rettungsanker der Menschheit. Über den zusammensinkenden Mauern der kapitalistischen Gesellschaft lodern wie ein feuriges Menetekel die Worte des »Kommunistischen Manifestes«:

Sozialismus oder Untergang in der Barbarei!

[…]

Die Verwirklichung der sozialistischen Gesellschaftsordnung ist die gewaltigste Aufgabe, die je einer Klasse und einer Revolution der Weltgeschichte zugefallen ist. Diese Aufgabe erfordert einen vollständigen Umbau des Staates und eine vollständige Umwälzung in den wirtschaftlichen und sozialen Grundlagen der Gesellschaft.

Dieser Umbau und diese Umwälzung können nicht durch irgendeine Behörde, Kommission oder ein Parlament dekretiert werden, sie können nur von der Volksmasse selbst in Angriff genommen werden.

In allen bisherigen Revolutionen war es eine kleine Minderheit des Volkes, die den revolutionären Kampf leitete, die ihm Ziel und Richtung gab und die Masse nur als Werkzeug benutzte, um ihre Interessen, die Interessen der Minderheit, zum Siege zu führen. Die sozialistische Revolution ist die erste, die im Interesse der großen Mehrheit und durch die große Mehrheit der Arbeitenden allein zum Siege gelangen kann.

[…]

Das Wesen der sozialistischen Gesellschaft besteht darin, dass die große arbeitende Masse aufhört, eine regierte Masse zu sein, vielmehr das ganze politische und wirtschaftliche Leben selbst lebt und in bewusster freier Selbstbestimmung lenkt.

[…]

Die Proletarier müssen lernen, aus toten Maschinen, die der Kapitalist an den Produktionsprozess stellt, zu denkenden, freien, selbsttätigen Lenkern dieses Prozesses zu werden. Sie müssen das Verantwortungsgefühl wirkender Glieder der Allgemeinheit erwerben, die Alleinbesitzerin allen gesellschaftlichen Reichtums ist. […]

Die Befreiung der Arbeiterklasse muss das Werk der Arbeiterklasse selbst sein.

[…]

In den bürgerlichen Revolutionen war Blutvergießen, Terror, politischer Mord die unentbehrliche Waffe in der Hand der aufsteigenden Klassen.

Die proletarische Revolution bedarf für ihre Ziele keines Terrors, sie hasst und verabscheut den Menschenmord. Sie bedarf dieser Kampfmittel nicht, weil sie nicht Individuen, sondern Institutionen bekämpft, weil sie nicht mit naiven Illusionen in die Arena tritt, deren Enttäuschung sie blutig zu rächen hätte. Sie ist kein verzweifelter Versuch einer Minderheit, die Welt mit Gewalt nach ihrem Ideal zu modeln, sondern die Aktion der großen Millionenmassen des Volkes, die berufen ist, die geschichtliche Mission zu erfüllen und die geschichtliche Notwendigkeit in Wirklichkeit umzusetzen […]

Der Spartakus-Bund ist nur der zielbewusste Teil des Proletariats, der die ganze breite Masse der Arbeiterschaft bei jedem Schritt auf ihre geschichtlichen Aufgaben hinweist, der in jedem Einzelstadium der Revolution das sozialistische

Endziel und in allen nationalen Fragen die Interessen der proletarischen Weltrevolution vertritt.

[…]

Der Spartakus-Bund wird nie anders die Regierungsgewalt übernehmen als durch den klaren, unzweideutigen Willen der großen Mehrheit der proletarischen Masse in ganz Deutschland, nie anders als kraft ihrer bewussten Zustimmung zu den Ansichten, Zielen und Kampfmethoden des Spartakus-Bundes.

Die proletarische Revolution kann sich nur stufenweise, Schritt für Schritt, auf dem Golgataweg eigener bitterer Erfahrungen durch Niederlagen und Siege, zur vollen Klarheit und Reife durchringen. …

(Was will der Spartakusbund?, in: GW 4, 442–451)

»Sprechen zu können, wo andere verstummen …«

Rosa Luxemburg im Spiegel ihrer Briefe

»Sprechen zu können, wo andere verstummen; geheimste Seelenregungen, Motionen der Gedanken, das Sich-Bilden von Gefühlen und die Entstehung von kaum wahrnehmbaren Sympathien mit Menschen, Dingen, Tieren dank einer Akribie dargestellt zu haben, wie sie sich sonst nur in der frühexpressionistischen Prosa, beim jungen Rilke und dem Musil des ›Törless‹ nachweisen lässt.« (Jens 1989, 290) So urteilt kein Geringerer als Walter Jens über Rosa Luxemburgs Briefe. Rein sprachlich sind es kleine Juwele und darüber hinaus herausragende Dokumente der Herzensgüte, des Lebenshungers, der echten Mitmenschlichkeit dieser Frau. Die folgenden Kostproben aus ihren zahlreichen Briefen – ein großer Teil davon während der Gefängnishaft geschrieben – mögen einige der Facetten der Persönlichkeit Rosa Luxemburgs aufleuchten lassen. Sie schreibt erfrischend und anrührend, ohne jemals in falsches Pathos zu verfallen. Sie schreibt voller Ironie und vor allem Selbstironie. Ihre zugewandte Art, andere Menschen wahrzunehmen, klingt an in der Erinnerung an einen Hausangestellten aus Kindertagen, im Vernehmen eines Kinderlachens aus der Gefängniszelle heraus … Die Frau, der es immer um das gesellschaftliche Ganze ging, hat ein scharfes Bewusstsein von der Einmaligkeit des Einzelnen. Die politische und ökonomische Theoretikerin weiß zugleich um die existenzielle Seite des geschichtlichen Kampfes. Und natürlich ist einer ihrer vornehmsten

Charakterzüge das Mitfühlen mit allem Lebendigen, das tiefe Empfinden für die Schönheit der Natur, das Mitleid mit der geschundenen Kreatur. Mögen die im Folgenden wiedergegebenen Auszüge aus Luxemburgs Briefen für sich selbst sprechen. Vorangestellt seien zur besseren Einordnung lediglich kurze Informationen über ihre Briefpartner:

Hans Diefenbach (1884–1917) war einer der engsten Freunde Luxemburgs. Sie lernte den späteren Arzt bereits als Medizinstudenten bei den Familien Zetkin und Kautsky kennen. Neben seinem politischen Engagement verband ihn mit Luxemburg vor allem seine musikalische und literarische Bildung. Diefenbach fiel als Militärarzt an der Westfront und vermachte sein Vermögen testamentarisch seiner Freundin Rosa Luxemburg.

Mathilde Jacob (1873–1943) war Übersetzerin und Stenotypistin und seit 1913 Luxemburgs Sekretärin, die bald zu einer ihrer engsten Vertrauten wurde. Während Luxemburgs Gefängnisaufenthalten schmuggelte sie für Luxemburg Briefe und Manuskripte aus dem Gefängnis. Mit Luxemburg teilte sie ein reges Interesse an der Botanik und kümmerte sich während der Gefängnisaufenthalte Luxemburgs auch sachkundig um deren Herbarien. Mathilde Jacob kam im Ghetto Theresienstadt ums Leben.

Leo Jogiches (1867–1919) war der langjährige Lebensgefährte Rosa Luxemburgs. Der aus Wilna stammende Jogiches war in die Schweiz geflohen. In Zürich lernte er auch Rosa Luxemburg kennen. Die Beziehung gestaltete sich schwierig, musste sie doch größtenteils als Fernbeziehung geführt werden. Aber auch die charakterlichen Gegensätze des Paares sind unübersehbar. Jogiches war Mitbegründer des Spartakusbundes, aus dem am 31.12.1918 die KPD hervorgehen sollte. Nach der Ermordung Karl Liebknechts und Rosa Luxemburgs übertrug man ihm den Parteivorsitz. Jogiches wurde im März 1919 in Untersuchungshaft ermordet.

Karl Kautsky (1854–1938) war eine zentrale Figur der deutschen Sozialdemokratie. Der Philosoph, Historiker und Volkswirt gehörte zum »marxistischen Zentrum« und war wesentlich an der Erarbeitung des Erfurter Programms der Partei beteiligt. Karl Marx hatte er noch persönlich gekannt und veröffentlichte nach dessen Tod einige

Schriften aus dessen Nachlass, zum Beispiel Teile des hinterlassenen Manuskripts des *Kapital* unter dem Titel *Theorien über den Mehrwert.* Luxemburg war mit der Familie Kautsky eng befreundet.

Luise Kautsky (1864–1944), geb. Ronsperger, war Karl Kautskys Ehefrau und eine enge Freundin Luxemburgs. Luise Kautsky war als Sozialdemokratin vor allem in der Berliner Kommunalpolitik tätig. Sie kam im KZ Auschwitz ums Leben.

Paul Levi (1883–1930) war Rechtsanwalt und rechnete sich dem linken Flügel der SPD zu. Zusammen mit Kurt Rosenbaum übernahm er die Verteidigung Luxemburgs bei ihrem Frankfurter Prozess wegen »Aufreizung von Soldaten zum Ungehorsam«. Dass beide zeitweise auch in einer Intimbeziehung liiert waren, wurde erst in den 1980er-Jahren bekannt, als entsprechende Briefe auftauchten. Levi war ebenfalls Mitglied des Spartakusbundes und Mitbegründer der KPD. Er kehrte allerdings später in die SPD zurück. Nach der Beisetzung des im Berliner Landwehrkanal Monate nach ihrem Tod aufgefundenen Leichnams hielt Levi auch die Totenrede für Luxemburg.

Sophie (Sonja) Liebknecht (1884–1964) war die zweite Frau Karl Liebknechts. Die gebürtige Russin war ebenfalls engagierte Sozialdemokratin und Frauenrechtlerin. Sie war wie ihr Mann Mitglied des Spartakusbundes und später Mitbegründerin der KPD. Vor dem Nazi-Regime floh sie nach Moskau, wo sie auch den Rest ihres Lebens verbrachte.

Mathilde Wurm (1874–1935), geb. Adler, war von Beruf Sozialarbeiterin (»Fürsorgerin«) und widmete sich vor allem der Berufsberatung und Lehrstellenvermittlung für junge Mädchen. Innerhalb der SPD gehörte sie zum linken Flügel und war eng mit Clara Zetkin und Rosa Luxemburg befreundet. Später trat sie in die USPD ein, war eine Zeit lang Reichstagsabgeordnete (Expertin für Ernährungsfragen) und kehrte wieder in die SPD zurück. Vor den Nazis floh sie nach London, wo sie unter ungeklärten Umständen ums Leben kam.

Kostja (Konstantin) Zetkin (1885–1980) war ein Sohn Clara Zetkins. Rosa Luxemburg war eine Zeit lang mit dem erheblich jüngeren Kostja intim liiert. Kostja Zetkin studierte zunächst Nationalökonomie, dann Medizin. Anfang der 1920er-Jahre war er einer der Mitbegründer des Instituts für Sozialforschung in Frankfurt am Main, der akademischen Heimstatt der »kritischen Theorie« der Frankfurter Schule. Nach seiner Flucht vor den Nazis in die Sowjetunion bekam er Schwierigkeiten mit dem dortigen Regime und gelangte schließlich nach Frankreich. Dort durfte er seinen Arztberuf allerdings nicht ausüben und arbeitete als Krankenpfleger. Nach dem Krieg ging er in die USA und schließlich nach Kanada.

Eigentlich das Leben!

[…]
Über mich persönlich kann ich nicht viel schreiben. Ich möchte wiederholen, was ich dir schon einmal geschrieben habe, aber du wirst mich wieder nicht verstehen, und es wird dir unangenehm sein. »Ich fühle mich kalt und ruhig.« Du hast das auf das Verhältnis zu dir bezogen, während ich mich einfach bei dir über meinen Zustand beklagte, der immer noch andauert. Eine Art tödlicher Apathie, bei der ich alle Handlungen, sogar die im Denken, wie ein Automat ausführe, so, als ob es ein anderer wäre.

Was ist das? Erkläre es mir. Einmal fragst du mich, was mir fehlt. Eigentlich das *Leben*! Mir ist so, als wäre etwas in mir gestorben, ich empfinde weder Angst noch Schmerz, noch Einsamkeit, genau wie ein Leichnam. Es ist, als wäre ich ein ganz anderer Mensch als in Zürich, und ich reflektiere über mich in der damaligen Zeit wie über irgendeine andere Person. Du schreibst mir, dass dich der Verlust deiner Mutter furchtbar quält; vielleicht glaubst du jetzt auch mir, dass das auch für mich ein furchtbarer Schmerz ist, der nicht aufhört und nicht für einen Tag vergeht. Ich habe in Zürich bemerkt, dass du mir das nicht glaubst, und ließ dich deshalb nichts merken, aber sowohl dort als auch hier lässt mich dieses Schauderhafte nicht los. Besonders wenn ich mich schlafen lege, steht mir dieser Fakt sofort wieder vor Augen, und ich muss laut aufstöhnen vor Schmerz. Ich weiß nicht, wie es bei dir ist, aber ich leide irgendwann nicht hauptsächlich aus Sehnsucht und nicht um *meinetwillen*, sondern jedes Mal erschüttert mich der eine Gedanke: Was war das doch für ein Leben! Was hat dieser Mensch erlebt, *wozu* so ein Leben! […]

(24. Juni 1898 aus Berlin an Leo Jogiches, GB 1, 159)

Seid guten Mutes und pfeift auf alles

Meine Allerliebsten!
Am Sonntag, dem 4., abends hat mich das Schicksal ereilt: Ich bin verhaftet worden. Ich hatte bereits meinen Pass zur Rückreise visiert und war auf dem Sprung zu fahren. Nun, es muss auch so gehen. Hoffentlich werdet ihr euch nicht zu sehr die Sache zu Herzen nehmen. Es lebe die Re …! mit allem, was sie bringt. Gewissermaßen ist es mir sogar lieber, hier zu sitzen, als … mit Peus[4] zu diskutieren. Man fand mich in ziemlich unbequemer Lage, aber Schwamm drüber. Hier sitze ich im Rathaus, wo »Politische«, Gemeine und Geisteskranke zusammengepfercht sind. Meine Zelle, die ein Kleinod in dieser Garnitur ist (eine gewöhnliche Einzelzelle für eine Person in normalen Zeiten), enthält vierzehn Gäste, zum Glück lauter Politische. Tür an Tür mit uns noch zwei große Doppelzellen, in jeder ca. dreißig Personen, alle durcheinander. Dies sind schon, wie man mir erzählt, paradiesische Zustände; früher saßen sechzig zusammen in einer Zelle und schliefen schichtweise je paar Stunden in der Nacht, während die anderen

4 Heinrich Peus war ein sozialdemokratischer Reichstagsabgeordneter, der reformistisch eingestellt war.

»spazierten«. Jetzt schlafen wir alle wie die Könige auf Bretterlagern, querüber, nebeneinander wie Heringe, und es geht ganz gut – insofern nicht eine Extramusik hinzukommt wie gestern z. B., wo wir eine neue Kollegin, eine tobsüchtige Jüdin, bekommen hatten, die uns vierundzwanzig Stunden lang mit ihrem Geschrei und ihrem Laufen in allen Zellen in Atem hielt und eine Reihe Politische zum Weinkrampf brachte. Heute sind wir sie endlich los und haben nur drei ruhige »Myschuggene« bei uns. Spaziergänge im Hof kennt man hier überhaupt nicht, dafür sind die Zellen tagsüber offen, und man darf den ganzen Tag im Korridor spazieren, um sich unter den Prostituierten zu tummeln, ihre schönen Liedchen und Sprüche zu hören und die Düfte aus dem gleichfalls bereits offenen 00 zu genießen. Dies alles jedoch nur zur Charakteristik der Verhältnisse, nicht meiner Stimmung, die wie immer vorzüglich ist. Vorläufig bin ich verschleiert, doch wird's wohl nicht lange halten, man glaubt mir nicht. Die Sache im Ganzen ist ernst, doch leben wir ja in bewegten Zeiten, wo »alles, was besteht, wert ist, zugrunde zu gehen«, daher glaube ich überhaupt an keine langfristigen Wechsel und Obligationen. Also seid guten Mutes und pfeift auf alles. […]

(13. März 1906 aus der Gefängnishaft in Warschau an Luise und Karl Kautsky, GB 2, 249–250)

Nun bist du frei wie ein Vögelchen

Mein liebster Costia, es kostet mich eine Überwindung, dir noch zu schreiben, aber ich will doch, dass du beim Abschied ebenso klar in mir siehst wie ich in dir.

Also ich habe es überwunden und bin ganz ruhig. Mir ist, wie wenn seit Sonntag ein Jahr vergangen wäre; das Schwerste hatte ich schon überstanden, als deine falschen Briefe kamen, und als ich den letzten offenen las, da trat eine große Kälte und ein Weh in mein Herz, aber doch auch eine große Ruhe. Es kam so, wie ich dir am Anfang sagte: Du hast mich durch deine Liebe gezwungen, dich zu lieben, und als deine Liebe in nichts zerrann, da war es auch um meine geschehen. Mich schmerzte, dass ich dich nicht früher von der Last befreite, mich schmerzt die Erinnerung an die bösen und gequälten Blicke eines gefangenen Vögelchens, aber ich wagte nie das erlösende Wort zu sprechen, weil ich innerlich unser Verhältnis als eine heilige und ernste Sache hielt. Armer Junge, du hieltest dich für gefangen, während dich ein kleines leises Wörtlein jeden Augenblick frei machen konnte, wie du ja jetzt siehst, während in Wirklichkeit ich die Gefangene war, weil mich die Erinnerung an ein leises Stammeln im kleinen Zimmer: »Bleib mir doch treu, bleib mir treu«, und ein Flehen im Briefe: »Verlass mich nicht, verlass mich nicht!« wie mit eisernen Ketten hielt. Das Stammeln eines kleinen holden Knaben hielt mein Herz fest, auch als mich dein unglückliches Aussehen unsäglich marterte, als mich in Genua in schlaflosen Nächten die Unklarheit deines Verhältnisses zu mir würgte. Aber ich habe doch einen süßen Trost darin, dass ich des Knaben Wunsch erfüllt habe: Ich war ihm treu bis zum Ende, und niemals, niemals hat ihn von mir ein Blick oder auch der verborgenste Gedanke lauernd oder spitz getroffen.

Nun, es ist überwunden. Ich bin mit Lust und Liebe an der Arbeit und bin entschlossen, noch mehr Strenge, Klarheit und Keuschheit in mein Leben zu bringen. Diese Lebensauffassung ist in mir gereift im Verkehr mit dir, deshalb gehören diese Worte noch dir.

Nun bist du frei wie ein Vögelchen, sei doch auch glücklich. Die Principuccia steht dir nicht mehr im Wege. Leb wohl, die

Nachtigallen des Apennin singen dir, und die breithörnigen Ochsen des Kaukasus grüßen dich. R.

(17. August 1909 aus Quarten an Kostja Zetkin, GB 6, 299–300)

Das Leben – irgendwo weit

[…]

Jetzt ist Abend, und ein weiches Lüftchen weht von oben durch meine Fensterluke in die Zelle, bewegt leicht meinen grünen Lampenschirm und blättert leise in dem aufgeschlagenen Schiller. Draußen am Gefängnis vorbei wird ein Pferd langsam nach Hause geführt, und seine Hufe schlagen ruhig und rhythmisch in der nächtlichen Stille auf das Pflaster. Aus der Ferne kommen kaum vernehmbar die launischen Töne einer Mundharmonika, auf der irgendein Schusterjunge vorbeischlendernd einen Walzer »pustet«. Mir summt im Kopfe eine Strophe, die ich irgendwo neulich gelesen habe: »Eingebettet zwischen Wipfeln – liegt dein Warten –, eingebettet zwischen Wipfeln – liegt dein kleiner Garten …« Ich verstehe gar nicht den Sinn dieser Worte, weiß auch nicht, ob sie überhaupt einen Sinn haben, aber sie wiegen mich, zusammen mit dem Lufthauch, der mir wie liebkosend über das Haar streicht, in eine seltsame Stimmung. Dieses Lüftchen, das verräterische, es lockt mich schon wieder in die Ferne – ich weiß selbst nicht, wohin. Das Leben spielt mit mir ewiges Haschen. Mir scheint es immer, dass es nicht in mir, nicht dort ist, wo ich bin, sondern irgendwo weit. Damals zu Hause schlich ich mich in der frühesten Morgenstunde ans Fenster – es war ja streng verboten, vor dem Vater aufzustehen –, öffnete es leise und spähte hinaus in den großen Hof. Da war freilich nicht viel zu sehen. Alles schlief noch, eine Katze strich auf weißen Sohlen über den Hof, ein paar Spatzen balgten sich mit frechem Gezwitscher, und der lange Antoni in seinem kurzen Schafpelz, den er Sommer und Winter trug, stand an der Pumpe, beide Hände und Kinn auf den Stiel seines Besens gestützt, tiefes Nachdenken im verschlafenen, ungewaschenen Gesicht. Dieser Antoni war nämlich ein Mensch von höheren Neigungen. Jeden Abend nach Torschluss saß er im Hausflur auf seiner Schafbank und buchstabierte laut im Zwielicht der Laterne die offiziellen »Polizeinachrichten«, dass es sich im ganzen Hause wie eine dumpfe Litanei anhörte. Und dabei leitete ihn nur das reine Interesse für Literatur, denn er verstand kein Wort und liebte nur die Buchstaben an und für sich. Trotzdem war er nicht leicht zu befriedigen. Und als ich ihm einmal auf seine Bitte um Lektüre Lubbocks »Anfänge der Zivilisation« gab, die ich gerade als mein erstes »ernstes« Buch mit Mühe durchgenommen hatte, da retournierte er es mir nach zwei Tagen mit der Erklärung, das Buch sei »nichts wert«. Ich meinerseits bin erst mehrere Jahre später dahintergekommen, wie recht Antoni hatte. – Also Antoni stand immer erst einige Zeit in tiefes Grübeln versunken, aus dem er unvermittelt zu einem erschütternden, krachenden, weithallenden Gähnen ausholte, und dieses befreiende Gähnen bedeutete jedes Mal: Nun geht's an die Arbeit. Ich höre jetzt noch den schlürfenden, klatschenden Ton, womit Antoni seinen nassen, schiefgedrückten Besen über die Pflastersteine führte und dabei, immer ästhetisch, am Rande sorgfältig zierliche, ebenmäßige Bogen beschrieb, die sich wie eine Brüsseler Spitzenborte ausnehmen mochten. Sein Hofkehren, das war ein Dichten. Und das war auch der schönste Augenblick, bevor noch das öde, lärmende, klopfende, hämmernde Leben der großen Mietskaserne erwachte. Es lag eine weihevolle Stille der Morgenstunde über der Trivialität des Pflasters; oben in den Fensterscheiben glitzerte das Frühgold der jungen Sonne, und ganz oben schwammen rosig angehauchte duftige Wölklein, bevor sie im grauen Großstadthimmel zerflossen. Damals glaubte ich fest, dass das »Leben«, das »richtige« Leben, irgendwo weit ist, dort über die Dächer hinweg. Seitdem reise ich ihm nach. Aber es versteckt sich immer hinter irgendwelchen Dächern. Am Ende war alles ein frevelhaftes Spiel mit mir, und das wirkliche Leben ist gerade dort im Hofe geblieben, wo wir mit Antoni die »Anfänge der Zivilisation« zum ersten Male lasen?

[…]

(September 1904 aus dem Gefängnis in Zwickau an Luise Kautsky, GB 2, 68–69)

Dann geht mir im Herzen das helle Licht und Wonne auf …

[…]

Nach einer schauderhaften Parteiarbeit für Polen […] muss ich dir einige Worte schreiben, um wieder Sonne und Lebenslust zu fühlen. Liebling, wärst du für einen Moment bei mir! Gestern Abend hat mir »Kurtchen«[5] drei Stunden über die Partei vorgejammert – Stadtverordnetenjammer, Berliner Jammer etc. Heute früh hat Klara[6] einen ihrer Wutausbrüche gehabt und wieder einmal gedroht, aus der Partei auszutreten. Daraufhin nahm ich eine herrliche Dusche, zog mich an und ging ins Feld. Südende badet in Grün, Weiß und Rosa. Die Sonne strahlte, und im Vorgarten schlug (um 10 Uhr

5 Kurt Rosenfeld, neben Paul Levi der zweite Strafverteidiger Luxemburgs im Frankfurter Prozess (s. oben, S. 80 ff.).

6 Clara Zetkin.

früh!) die erste Nachtigall. Übrigens habe ich für die Nachtigall gar nichts übrig, wie für die meisten weltbekannten Schönheiten. Gerade ihre vielen Register und der stete Wechsel ihres Gesangs machen auf mich den Eindruck eines künstlichen Spielzeugs. Viel inniger wirkt auf mich das eintönige Quirlen der Lerche (auch sie hörte ich schon im Felde heute). Und erst, wenn mein lieber Pirol kommt und in weichen, feuchten Tagen seinen kurzen aufleuchtenden Ruf schmettert! Dann geht mir im Herzen das helle Licht und Wonne auf – wie wenn mir mein Liebling tief in die Augen blickt …

Süßer!

(20. oder 21. April 1914 aus Berlin-Südende an Paul Levi, GB 5, 431–432)

… was unsere Esel im Reichstag versäumt haben!

Liebling, denk dir, wie famos! Es ist ein Strafantrag des Kriegsministers von Falkenhayn wegen Beleidigung des Offiziers- und Unteroffizierskorps, weil ich in der Freiburger Versammlung am 7. März gesagt habe, die Soldatenmisshandlungen stehen auf der Tagesordnung und die »Vaterlandsverteidiger« werden mit Füßen getreten. Darin sei ein Vorwurf der Pflichtverletzung für die Offiziere ausgesprochen.

Wie gefällt dir diese Anklage in der jetzigen Zeit?! Ich habe natürlich zugegeben, die Äußerung getan zu haben, und zwar, um den Leuten den Rückzug abzuschneiden. Die Kerle sind wohl von allen guten Geistern verlassen. Denk dir, was man alles bei einer solchen Verhandlung an Material ausbreiten und wiedergutmachen kann, was unsere Esel im Reichstag versäumt haben!

Ich bin in so freudiger Stimmung, dass ich dir um den Hals fallen möchte, wenn ich dich hier hätte. Kurtchen[7] ist auch glücklich über die bevorstehende Schlacht. Wo die Verhandlung stattfindet, ist noch nicht klar, wahrscheinlich aber hier in Berlin. Die gestrige Versammlung hier im 6. Wahlkreis war wieder eine grandiose Demonstration. Die Straße war schwarz von Menschen, die nicht mehr reingelassen wurden, und die Hochs auf der Straße nach der Versammlung nahmen kein Ende. Die Berliner sind also immer noch in fieberhafter Stimmung. –

Rosenfeld ist schon so gut wie gewählt in die Presskommission; ich soll jetzt folgen. Am 19. habe ich hier eine Kreisversammlung in Charlottenburg, am 20. in Pankow.

Heute kam noch kein Brief von dir, vielleicht abends.

Liebling!

(13. Mai 1914 aus Berlin-Südende an Paul Levi, GB 5, 435–436)

… des Lebens kleine Zierden zu entbehren

[…]

Seien Sie um mich ganz ruhig, es geht mir gesundheitlich und »gemütlich« ganz gut. Auch der Transport im »grünen Wagen« hat mir keinen Schock verursacht, hab' ich doch schon genau die gleiche Fahrt in Warschau durchgemacht. Ach, es war so frappant ähnlich, dass ich auf verschiedene heitere Gedanken kam. Freilich war auch ein Unterschied: Die russischen Gendarmen haben mich als »Politische« mit großem

7 Kurt Rosenfeld.

Respekt eskortiert, die Berliner Schutzleute hingegen erklärten mir, es sei »schnuppe«, wer ich sei, und steckten mich mit neun »Kolleginnen« in einen Wagen. Na, das alles sind Lappalien schließlich, und vergessen Sie nie, dass das Leben, was auch kommen mag, mit Gemütsruhe und Heiterkeit zu nehmen ist. Diese besitze ich nun auch hier in dem nötigen Maße. Damit Sie übrigens keine übertriebenen Vorstellungen von meinem Heldentum bekommen, will ich reumütig bekennen, dass ich in dem Augenblick, wo ich zum zweiten Mal an jenem Tage mich aufs Hemd ausziehen und betasten lassen musste, mit knapper Not die Tränen zurückhalten konnte. Natürlich war ich innerlich wütend über mich ob solcher Schwachheit und bin es jetzt noch. Auch entsetzte mich am ersten Abend nicht etwa die Gefängniszelle und mein so plötzliches Ausscheiden aus den Lebenden, sondern – raten Sie! – die Tatsache, dass ich ohne mein Nachthemd, ohne mir das Haar gekämmt zu haben aufs Lager musste. Damit ein klassisches Zitat nicht fehlt: Erinnern Sie sich an die erste Szene in »Maria Stuart«, als dieser die Schmucksachen weggenommen werden: »Des Lebens kleine Zierden zu entbehren«, sagt Marias Amme, die Lady Kennedy, sei härter, als große Prüfungen zu ertragen. (Sehen Sie mal nach, Schiller hat es etwas schöner gesagt als ich hier.) Doch wohin verirre ich mich? Gott strafe England und verzeihe mir, dass ich mich mit einer englischen Königin vergleiche! Übrigens besitze ich »des Lebens kleine Zierden« in Gestalt von Nachthemden, Kämmen und Seifen alle hier – dank der engelhaften Güte und Geduld Karls[8] –, und so kann das Leben nun seinen geregelten Lauf fließen. Ich freue mich sehr, dass ich so früh aufstehe (5.40), und warte nur darauf, dass auch die Frau Sonne gefälligst meinem Beispiel folgt, damit ich von dem

---

8 Karl Liebknecht.

frühen Aufstehen auch was habe. Am schönsten ist, dass ich beim Spaziergang im Hof Vögel sehe und höre: ein ganzes Rudel frecher Spatzen, die manchmal einen solchen Krach machen, dass ich mich wundere, weshalb kein strammer Schutzmann da »mang« fährt; dann ein paar Amseln, wovon der gelbschnabelige Herr aber ganz anders singt als meine Amseln in Südende. Er quatscht und kreischt nämlich ein Zeug zusammen, dass man lachen muss; vielleicht wird er im März/April Scham annehmen und anständig flöten. (Jetzt muss ich übrigens an meine armen Spatzen denken, die nicht mehr auf dem Balkon ihr gedecktes Tischlein finden und wohl verwundert auf der Brüstung sitzen – Hier müssen Sie unbedingt ein paar Tränen vergießen, es ist gar zu rührend! …)

[…]

(vermutlich 23. Februar 1915 aus dem Berliner »Weibergefängnis« an Mathilde Jacob, GB 5, 47–48)

Mensch sein ist vor allem die Hauptsache

[…]
Hast du jetzt genug zum Neujahrsgruß? Dann sieh, dass du *Mensch* bleibst. Mensch sein ist vor allem die Hauptsache. Und das heißt: fest und klar und *heiter* sein, ja, heiter trotz alledem und alledem, denn das Heulen ist Geschäft der Schwäche. Mensch sein heißt sein ganzes Leben »auf des Schicksals große Waage« freudig hinwerfen, wenn's sein muss, sich zugleich aber an jedem hellen Tag und jeder schönen Wolke freuen, ach, ich weiß keine Rezepte zu schreiben, wie man Mensch sein soll, ich weiß nur, wie man's *ist*, und du wusstest es auch immer, wenn wir einige Stunden zusammen im Sü-

dender Feld spazieren gingen und auf dem Getreide roter Abendschein lag. Die Welt ist so schön bei allem Graus und wäre noch schöner, wenn es keine Schwächlinge und Feiglinge auf ihr gäbe. Komm, du kriegst doch noch einen Kuss, weil du doch ein ehrlicher kleiner Kerl bist. Prosit Neujahr! R.

(28. Dezember 1916 aus der Festung Wronke an Mathilde Wurm, GB 5, 151)

Mitleid, Güte und Stolz

[…]
Das Drama in Sillenbuch[9] hat mir einen schwereren Stoß versetzt, als Sie ahnen; einen Stoß meinem Frieden und meiner Freundschaft. Sie werden mich an das Mitleid mahnen. Sie wissen, ich fühle und leide mit jeglicher Kreatur, eine Wespe, die mir ins Tintenfass rutscht, spüle ich dreimal im lauwarmen Wasser und trockne sie auf dem Balkon in der Sonne, um ihr das Bisschen Leben zurückzugeben. Aber sagen Sie mir, warum soll ich hier nicht mit der *anderen* Seite Mitleid empfinden, die bei lebendigem Leibe geröstet wird und an jedem Tag, den Gott gibt, die sieben Kreise der Dante'schen Hölle passieren muss? Und dann: Mein Mitleid wie meine Freundschaft haben eine ganz bestimmte Grenze: Sie enden haarscharf dort, wo die Gemeinheit beginnt. Meine Freunde müssen nämlich ihre Rechnungen in sauberer Ordnung haben, und zwar nicht nur im öffentlichen, sondern auch im

9 Gemeint ist das sowohl politische wie auch private Zerwürfnis zwischen Clara Zetkin und ihrem Mann, dem Maler Friedrich Zundel, der sich schließlich nach dem Krieg von Clara Zetkin trennte.

privaten und privatesten Leben. Aber öffentlich große Worte für »Freiheit des Individuums« donnern und im Privatleben eine Menschenseele aus wahnsinniger Leidenschaft versklaven – ich begreife das nicht und verzeihe es nicht. Ich vermisse bei alledem die zwei Grundelemente der weiblichen Natur: Güte und Stolz. Herr Gott, wenn ich nur von Ferne ahne, dass mich jemand nicht mag, dann flüchtet schon mein Gedanke seine Kreise wie ein verscheuchter Vogel, es scheint mir dann schon vermessen, ihn mit dem Blick zu streifen! Wie kann man, wie kann man sich bloß so preisgeben? Sie werden mich an das furchtbare Leiden mahnen. Nun, ich sage Ihnen, Hänschen, wenn mir der beste Freund einmal sagen würde: Ich habe nur die Wahl, eine Gemeinheit zu begehen oder vor Leid zu sterben, dann würde ich ihm mit eisiger Ruhe antworten: Dann stirb. Von *Ihnen* habe ich die wohltuende ruhige Überzeugung, Sie sind außerstande, auch nur in Gedanken eine Gemeinheit zu begehen, und wenn mich Ihr semmelblondes Temperament und Ihre ewig kühlen Hände oft irritieren, so sage ich doch: Gesegnet sei die Temperamentlosigkeit, wenn sie mir dafür Bürge ist, dass Sie nie über das Glück und den Frieden anderer Menschen wie ein Panther dahinstürmen werden. Aber das hat mit Temperament auch nichts zu tun. Sie wissen, dass ich davon genug besitze, um eine Prärie in Brand zu stecken, und doch ist mir der Friede und der einfache Wunsch jedes anderen Menschen ein Heiligtum, vor dem ich lieber zusammenbreche, als es roh anzutasten.

[…]

(7. Januar 1917 aus der Festung Wronke an Hans Diefenbach, GB 5, 157–158)

Die Geschichte ihr Werk zur Reife bringen lassen

[…]
Deine ganze Argumentation gegen meine Losung: Hier steh' ich – ich kann nicht anders! läuft auf das Folgende hinaus: Schön und gut, aber die Menschen sind feig und schwach für solches Heldentum, ergo müsse man die Taktik ihrer Schwachheit und dem Grundsatz chi va piano, va sano[10] anpassen. Welche Enge des historischen Blicks, mein Lämmchen! Es gibt nichts Wandelbareres als menschliche Psychologie. Zumal die Psyche der Massen birgt stets in sich, wie Thalatta, das ewige Meer, alle latenten Möglichkeiten: tödliche Windstille und brausenden Sturm, niedrigste Feigheit und wildesten Heroismus. Die Masse ist stets das, was sie nach Zeitumständen sein *muss*, und sie ist stets auf dem Sprunge, etwas total anderes zu werden, als sie scheint. Ein schöner Kapitän, der seinen Kurs nur nach dem momentanen Aussehen der Wasseroberfläche steuern und nicht verstehen würde, aus Zeichen am Himmel und in der Tiefe auf kommende Stürme zu schließen! Mein kleines Mädchen, die »Enttäuschung über die Massen« ist stets das blamabelste Zeugnis für einen politischen Führer. Ein Führer großen Stils richtet seine Taktik nicht nach der momentanen Stimmung der Massen, sondern nach ehernen Gesetzen der Entwicklung, hält an seiner Taktik fest trotz aller Enttäuschungen und lässt im Übrigen ruhig die Geschichte ihr Werk zur Reife bringen.

[…]

(16. Februar 1917 aus der Festung Wronke an Mathilde Wurm, GB 5, 176)

10 Wer langsam vorangeht, geht gesund voran.

… dass mein persönliches Glück dann gedeckt ist

[…]
Ich halte mich im Allgemeinen – zumal wenn ich ganz allein bin – stramm und gut. Sobald aber irgendeine wenn auch freudige Aufregung kommt, versagen meine Nerven rasch. Aber auch das ist ein vorübergehender Zustand: Genauso ging es mir voriges Jahr. Der achte und neunte Monat ist immer kritisch. Dann kommt von selbst eine Reaktion, und die Nerven erholen sich wieder. Zumal der Frühling wirkt bei mir immer Wunder. Ich weiß nicht, wie das kommt: Je länger ich lebe, umso bewusster und tiefer erlebe ich jedes Jahr das Wunder des Frühlings, dann des Sommers, dann des Herbstes. Jeder Tag ist mir ein herrliches Wunder, und ich bedaure nur, nicht Zeit und Muße genug zu haben, um sich der Betrachtung ganz hinzugeben. Das heißt, seit zwei Jahren *habe* ich ja Zeit und Muße genug, aber dann sehe ich ja nur so wenig von all den Herrlichkeiten. Aber so frei draußen im Feld schlendernd oder auch nur in den Straßen im April – Mai vor jedem Vorgärtchen stehenbleiben, die grünenden Sträucher begaffen, wie bei jedem die Blattknospen anders gedreht sind, wie der Ahorn seine gelbgrünen Sternchen streut, wie die erste Sternmiere und Ehrenpreis tief im Gras hervorgucken – das ist mir wahrhaftig jetzt die höchste Lebenswonne, und ich brauche, will und ersehne *nichts* mehr, wenn ich nur jeden Tag ein Stündchen so verbringen kann. Verstehe mich nicht falsch! Ich will nicht sagen, dass ich mich auf dies beschränken und kein aktives und denkendes Leben führen möchte. Ich will nur sagen, dass mein *persönliches Glück* dann gedeckt ist und ich damit schon für alles Entbehren und Kämpfen gewappnet und entschädigt bin.
[…]

(März 1917 aus der Festung Wronke an Luise Kautsky, GB V, 199)

Einstweilen fechte ich wider die Teufel

L.H.
Mitten in meinem mühsam aufgebauten schönen Gleichgewicht packte mich gestern vor dem Einschlafen wieder eine Verzweiflung, die viel schwärzer war als die Nacht. Und heute ist auch noch ein grauer Tag, statt Sonne – kalter Ostwind … Ich fühle mich wie eine erfrorene Hummel; haben Sie schon mal im Garten an den ersten frostigen Herbstmorgen eine solche Hummel gefunden, wie sie ganz klamm, wie tot, auf dem Rücken liegt im Gras, die Beinchen eingezogen und das Pelzlein mit Reif bedeckt? Erst wenn die Sonne sie ordentlich durchwärmt, fangen die Beinchen sich langsam zu regen und zu strecken an, dann wälzt sich das Körperchen um und erhebt sich endlich mit Gebrumm schwerfällig in die Luft. Es war immer mein Geschäft, an solchen erfrorenen Hummeln niederzuknien und sie mit dem warmen Atem meines Mundes zum Leben zu wecken. Wenn mich Arme doch die Sonne auch schon aus meiner Todeskälte erwecken wollte! Einstweilen fechte ich wider die Teufel in meinem Innern wie Luther – mit dem Tintenfass. Und deshalb müssen Sie als Opfer einem Sperrfeuer von Briefen standhalten.

[…]

(30. März 1917 aus der Festung Wronke an Hans Diefenbach, GB 5, 195)

Nichts anderes als dieses Leben

[…]
Sonjuscha, so möchte ich ständig um Sie sein, Sie zerstreuen, mit Ihnen plaudern oder schweigen, damit Sie nicht in Ihr düsteres, verzweifeltes Brüten verfallen. Sie fragen in Ihrer Karte: »Warum ist alles so?« Sie Kind, »so« ist eben das Leben seit jeher, alles gehört dazu: Leid und Trennung und Sehnsucht. Man muss es immer mit allem nehmen und *alles* schön und gut finden. Ich tue es wenigstens so. Nicht durch ausgeklügelte Weisheit, sondern einfach so aus meiner Natur. Ich fühle instinktiv, dass das die einzige richtige Art ist, das Leben zu nehmen, und fühle mich deshalb wirklich glücklich in jeder Lage. Ich möchte auch *nichts* aus meinem Leben missen und nichts anderes haben, als es war und ist. Wenn ich Sie doch zu dieser Lebensauffassung bringen könnte! …
[…]

(19. April 1917 aus der Festung Wronke an Sophie Liebknecht, GB 5, 217)

»Wozu« ist überhaupt kein Begriff

»Pfingsten, das liebliche Fest, war gekommen«, so beginnt der Goethe'sche »Reineke Fuchs«. Hoffentlich werden Sie es einigermaßen heiter verleben. […] Hier blüht jetzt auch schon der Flieder, heute ist er aufgegangen; es ist so warm, dass ich mein leichtestes Musselinkleid anziehen musste. Trotz Sonne und Wärme sind aber meine Vöglein nach und nach fast ganz verstummt! Sie sind offenbar alle vom Brutgeschäft sehr in Anspruch genommen; die Weibchen sitzen im Nest, und die Männchen haben »alle Schnäbel« voll zu tun, um für sich und die Gattinnen Nahrung zu suchen. Auch nisten sie wohl mehr draußen im Feld oder auf größeren Bäumen, wenigstens ist es jetzt in meinem Gärtlein still, nur hie und da schlägt kurz die Nachtigall, oder der Grünling macht seinen klappernden Triller, oder später abends schmettert noch ein-, zweimal der Buchfink. Meine Meisen lassen sich gar nicht mehr blicken. Nur einen kurzen Gruß bekam ich plötzlich gestern von Weitem von einer Blaumeise, und das hat mich ganz erschüttert. Die Blaumeise ist nämlich nicht wie die Kohlmeise Standvogel, sondern sie kommt erst Ende März wieder zu uns. Sie hielt sich auch zuerst immer in der Nähe meiner Fenster, kam mit den anderen zum Futter und sang fleißig ihr drolliges »Zizi-bäh«, aber so ganz gedehnt, dass es wie ungezogenes Kindernecken klang. Ich musste jedes Mal lachen und ihr ebenso antworten. Dann verschwand sie Anfang Mai mit den anderen, um irgendwo draußen zu brüten. Ich sah und hörte sie wochenlang nicht mehr. Gestern hörte ich plötzlich von drüben über die Mauer, die unseren Hof von einem anderen Gefängnisterrain trennt, den bekannten Gruß, aber so ganz verändert, nur ganz kurz und eilig dreimal hintereinander: »Zizibä – zizibä – zizibä!«, dann wurde es still. Mir zuckte das Herz zusammen, so viel lag in diesem eiligen fernen Ruf; eine ganze kleine Vogelgeschichte. Das war nämlich eine Erinnerung der Blaumeise an die schöne Zeit des Liebeswerbens im Vorfrühling, wo man den ganzen Tag sang und lockte; jetzt aber heißt es, den ganzen Tag Fliegen und Mücken sammeln für sich und die Familie; also nur kurz eine Reminiszenz: »Ich habe keine Zeit – ach ja, es war schön – Frühling ist bald zu Ende – Zizibä – zizibä – zizibä! ...« Glauben Sie mir, Sonjuscha, dass mich ein solcher kleiner Vogelruf, in dem so viel Ausdruck liegt, tief ergreifen kann. Meine Mutter, die nebst Schiller die Bibel für der höchsten Weisheit Quell hielt, glaubte steif und fest, dass König Salomo die Sprache der Vögel verstand. Ich lächelte damals mit der ganzen Überlegenheit meiner fünfzehn Jahre und einer modernen naturwissenschaftlichen Bildung über die mütterliche Naivität. Jetzt bin ich selbst wie König Salomo: Ich verstehe auch die Sprache der Vögel und aller Tiere. Natürlich nicht, als ob sie menschliche Worte gebrauchten, sondern ich verstehe die verschiedensten Nuancen und Empfindungen, die sie in ihre Laute legen. Nur dem rohen Ohr eines gleichgültigen Menschen ist ein Vogelgesang immer ein und dasselbe. Wenn man die Tiere liebt und für sie Verständnis hat, findet man große Mannigfaltigkeit des Ausdrucks, eine ganze »Sprache«. Auch das allgemeine Verstummen jetzt nach dem Lärm des Vorfrühlings ist voller Ausdruck, und ich weiß, wenn ich noch im Herbst hier bin, was aller Wahrscheinlichkeit nach der Fall sein wird, dann werden alle meine Freunde wieder zurückkehren und an meinem Fenster Futter suchen; ich freue mich schon jetzt auf die eine Kohlmeise, mit der ich besonders herzlich befreundet bin.

Sonjuscha, Sie sind erbittert über meine lange Haft und fragen: »Wie kommt das, dass Menschen über andere Menschen entscheiden dürfen. Wozu ist das alles?« Verzeihen Sie, mein Liebling, aber ich musste beim Lesen laut herauslachen. Bei Dostojewski in den »Brüdern Karamasoff« gibt es eine Madame Chochlakowa, die genau solche Fragen zu stellen pflegte, wobei sie ratlos von einem zum anderen in der Gesellschaft herumblickte, ehe aber auch nur einer zu antworten versuchte, schon auf etwas ganz anderes herübersprang. Mein Vöglein, die ganze Kulturgeschichte der Menschheit, die nach bescheidenen Schätzungen einige zwanzig Jahrtausende zählt, basiert auf der »Entscheidung von Menschen über andere Menschen«, was in den materiellen Lebensbedingungen tiefe Wurzeln hat. Erst eine weitere qualvolle Entwicklung vermag dies zu ändern, wir sind ja gerade jetzt Zeugen eines dieser qualvollen Kapitel, und Sie fragen: »Wozu das alles?« »Wozu« ist überhaupt kein Begriff für die Gesamtheit des Lebens und seine Formen. Wozu gibt es Blaumeisen auf der Welt? Ich weiß es wirklich nicht, aber ich freue mich, dass es welche gibt, und empfinde es als süßen Trost, wenn mir plötzlich über die Mauer ein eiliges »Zizibä!« aus der Ferne herübertönt.

[…]

(23. Mai 1917 aus der Festung Wronke an Sophie Liebknecht, GB 5, 243–244)

… dass das Leben schön und reich ist

[…]

Ach, welche schöne Erinnerung habe ich vom Alexanderplatz! Wissen Sie, Hänschen, was Alexanderplatz ist? Der anderthalbmonatige Aufenthalt dort hat auf meinem Kopf graue Haare und in meinen Nerven Risse zurückgelassen, die ich nie verwinden werde. Und doch habe ich von dort eine kleine Erinnerung, die wie eine Blume in meinem Gedächtnis aufblickt. Dort begann die Nacht – es war Spätherbst, Oktober, und gar keine Beleuchtung in der Zelle – schon um 5,6 Uhr. Es blieb mir in der 11 cbm großen Zelle nichts übrig, als mich auf der Pritsche hinzustrecken, eingeklemmt zwischen unbeschreiblichen Möbelstücken, und in der Höllenmusik der fortwährend vorbeidonnernden Stadtbahnzüge, von denen die Zelle erbebte und auf den klirrenden Fensterscheiben rote Lichtreflexe aufblitzten, meinen Mörike halblaut zu deklamieren. Von 10 Uhr an pflegte sich das diabolische Konzert der Stadtbahn etwas zu besänftigen, und bald darauf wurde von der Straße her die folgende kleine Episode hörbar. Erst eine dumpfe männliche Stimme, die etwas Rufendes und Ermahnendes hatte, dann als Antwort der Gesang eines etwa achtjährigen Mädchens, das offenbar im Springen und Hüpfen ein Kinderliedchen vortrug und zugleich ein silbernes, glockenreines Lachen erschallen ließ. Das mochte irgendein müder, mürrischer Portier sein, der sein Töchterchen zum Schlafengehen nach Hause rief. Der kleine Schelm aber wollte nicht folgen, ließ sich von dem bärtigen Brummbass von Vater haschen, gaukelte in der Straße herum wie ein Schmetterling und neckte den verstellt Strengen mit einem lustigen Kinderreim. Man sah förmlich die kurzen Röckchen flattern und die dünnen Beinchen in Tanzstellung fliegen. In diesem hüpfenden Rhythmus des Kinderlieds, in dem perlenden Lachen lag so viel sorglose, siegreiche Lebenslust, dass der ganze finstere schimmlige Bau des Polizeipräsidiums wie von einem silbernen Nebelmantel eingehüllt wurde und in meiner übelriechenden Zelle es so plötzlich in der Luft wie von fallenden dunkelroten Rosen duftete … So liest man sich überall von der Straße ein bisschen Glück auf und wird immer wieder daran gemahnt, dass das Leben schön und reich ist.

[…]

(29. Juni 1917 aus der Festung Wronke an Hans Diefenbach, GB 5, 268–269)

Die Wege der Geschichte

[…]
Gegen eine ganze Menschheit wüten und sich empören ist schließlich sinnlos.

Dies sind offenbar die objektiv einzig möglichen Wege der Geschichte, und man muss ihr folgen, ohne sich an der Hauptrichtung beirren zu lassen. Ich habe das Gefühl, dass dieser ganze moralische Schlamm, durch den wir waten, dieses große Irrenhaus, in dem wir leben, auf einmal, so von heute auf morgen, wie durch einen Zauberstab ins Gegenteil umschlagen, in ungeheuer Großes und Heldenhaftes umschlagen kann und – wenn der Krieg noch ein paar Jahre dauern wird – umschlagen *muss*. Dann werden genau dieselben Leute, die jetzt den Namen Mensch in unseren Augen schänden, im Heroismus mitrasen, und alles Heutige wird weggewischt und vertilgt und vergessen sein, wie wenn es nie gewesen wäre. Ich muss bei diesem Gedanken lachen, und zugleich im Innern regt sich bei mir der Schrei nach Vergeltung, nach Strafe: Wie, diese, alle Schurkereien sollen vergessen und unbestraft bleiben, und der heutige Auswurf der Menschheit soll morgen mit gehobenem Haupt, womöglich mit frischen Lorbeeren gekrönt, auf den Höhen der Menschheit wandeln und die höchsten Ideale verwirklichen helfen? Aber so *ist* Geschichte. Ich weiß ganz genau, dass die Abrechnung nach »Gerechtigkeit« *niemals* stattfindet und dass man schon so alles hinnehmen muss. [...] Man muss alles im gesellschaftlichen Geschehen wie im Privatleben nehmen: ruhig, großzügig und mit einem milden Lächeln. Ich glaube fest daran, dass sich schließlich alles nach dem Kriege oder zum Schluss des Krieges wendet, aber wir müssen offenbar erst durch eine Periode der schlimmsten, unmenschlichsten Leiden waten.

[...]

(16. November 1917 aus Breslau an Sophie Liebknecht, GB 5, 323–324))

Im Rausch des Lebensglücks

[…]

Reden Sie mir nicht von »hysterischen Dämchen«, mein Vöglein. Verstehen Sie denn nicht, haben Sie nicht bemerkt, dass an Ihrem Übel die besten Frauen leiden? Sehen Sie die Augen der armen Marta[11], in denen so namenloses Leid liegt und so unaussprechliche Angst – Angst, dass die Schranken des Lebens schon geschlossen sind und das eigentliche Leben gar nicht berührt und ausgekostet ist. Die Luise[12] – als ich sie kennenlernte, war sie ein ganz anderer Mensch als jetzt –, robust, zufrieden, beinahe dickfellig, fertig. Seitdem hat das Leid und der Verkehr mit anderen Menschen als ihrem Mann aus ihr ein sensibles, weiches Weib gemacht; blicken Sie in ihre Augen: wie viel Staunen, Unruhe, Tasten und Suchen und schmerzliche Enttäuschung! Und all das auch dasselbe, was Sie klagen … Ich führe das alles nicht etwa an, um Ihnen den abgeschmackten Trost zu bringen, weil auch andere daran leiden, sollen Sie Ihr Leid vergessen. Ich weiß, für jeden Menschen, jede Kreatur ist *eigenes* Leben das einzige, einmalige Gut, das man hat, und mit jedem kleinen Flieglein, das man achtlos zerdrückt, geht die ganze Welt jedes Mal unter, für das brechende Auge dieses Fliegleins ist alles so gut aus, als wenn der Weltuntergang alles Leben vernichtete. Nein, ich sage Ihnen von den anderen Frauen, gerade damit Sie Ihren Schmerz nicht unterschätzen und missachten, damit Sie sich selbst nicht falsch verstehen und nicht Ihr eigenes Bild vor sich selbst verzerren. Oh, wie wohl ich Sie verstehe, wenn Ihnen jede schöne Melodie, jede Blume, jeder Frühlingstag, jede Mondnacht eine Sehnsucht und eine Lockung nach dem

---

11 Marta Rosenbaum.

12 Luise Kautsky.

Schönsten ist, was die Welt zu bieten hat. Und wie ich verstehe, dass Sie »in die Liebe« verliebt sind! Mir war (oder ist? …) auch die Liebe an sich stets wichtiger und heiliger als der Gegenstand, der zu ihr anregt. Und zwar deshalb, weil sie erlaubt, die Welt als ein schimmerndes Märchen zu sehen, weil sie aus dem Menschen das Edelste und Schönste herauslockt, weil sie das Gewöhnlichste und Geringste erhebt und in Brillanten fasst und weil sie ermöglicht, im Rausch, in Ekstase zu leben … Aber, kleine Sonjuscha, *Sie* sind nicht, wie Marta und Luise, an der Grenze des Lebens. Sie sind jung und schön, und Sie müssen noch richtig leben. Nur diese fatalen paar Jahre muss man überdauern, aber dann – muss vieles anders werden, so oder so. Sie dürfen und sollen Ihre Rechnung noch nicht abschließen, es ist lächerlich. Ich möchte Sie noch in allen Rausch des Lebensglücks tauchen und werde Ihr Recht darauf fest verteidigen.

[…]

(24. November 1917 aus dem Gefängnis in Breslau, an Sophie Liebknecht, GB 5, 333)

Der »Büffelbrief«

»Ich denke, es gibt wenige Briefschreiber in der Geschichte der Weltliteratur, bei denen wie im Falle Rosa Luxemburgs ein Maximum an Ich-Analyse identisch ist mit einem Höchstmaß an verlässlicher Erkundung jener äußeren Welt, deren soziale, durch die Herrschaft einer winzigen Minorität bedingte Misere die Gefangene der Strafanstalt Wronke auf den Begriff gebracht hat, als sie das Leiden eines rumänischen Büffels beschrieb, den ein Soldat mit dem dicken Ende eines Peitschenstiels malträtierte, um hernach, zur Rede gestellt, zu antworten: ›Mit uns Menschen hat auch niemand Mitleid.‹« (Jens 1989, 292)

Dieses außerordentliche Dokument des Mitfühlens mit der außermenschlichen Kreatur ist als »Büffelbrief« bekannt geworden. Karl Kraus (1874–1936), der große österreichische Satiriker, druckte den Brief in seiner Zeitschrift *Die Fackel* ab, obwohl er bereits seit 1911 nur noch eigene Beiträge darin brachte. Ich gebe hier bewusst nicht nur Luxemburgs Brief selbst, sondern gleichzeitig auch die geharnischte Antwort Karl Kraus' auf die hämische Zuschrift einer Leserin wieder. Kraus war zwar kein politischer Weggefährte Luxemburgs, doch beide verband ein tiefer Abscheu vor dem Krieg und ein tiefes Empfinden für das Leid der Tiere. So widmet Kraus in seinem großen Weltkriegsdrama *Die letzten Tage der Menschheit* eine der bewegendsten Passagen den ertrunkenen Kriegspferden. Die Würdigung durch den politisch eher konservativen Karl Kraus ist ein beeindruckendes Zeugnis dafür, wie Luxemburgs menschliche Haltung weit über Parteigrenzen und politische Gräben hinaus inspirierte.

Dem Andenken des edelsten Opfers widme ich die Vorlesung des folgenden Briefes, den Rosa Luxemburg aus dem Breslauer Weibergefängnis Mitte Dezember 1917 an Sonja Liebknecht geschrieben hat.

– – Jetzt ist es ein Jahr, dass Karl in Luckau sitzt. Ich habe in diesem Monat oft daran gedacht, und genau vor einem Jahre waren Sie bei mir in Wronke, haben mir den schönen Weihnachtsbaum beschert … Heute habe ich mir einen besorgen lassen, aber man brachte mir einen ganz schäbigen mit fehlenden Ästen – kein Vergleich mit dem vorjährigen. Ich weiß nicht, wie ich darauf die acht Lichteln anbringe, die ich erstanden habe. Es ist mein drittes Weihnachten im Kittchen, aber nehmen Sie es ja nicht tragisch. Ich bin so ruhig und heiter wie immer. Gestern lag ich lange wach – ich kann jetzt nie vor ein Uhr einschlafen, muss aber schon um zehn ins Bett –, dann träume ich Verschiedenes im Dunkeln. Gestern dachte ich also: Wie merkwürdig das ist, dass ich ständig in einem freudigen Rausch lebe – ohne jeden besonderen Grund. So liege ich zum Beispiel hier in der dunklen Zelle auf einer steinharten Matratze, um mich im Hause herrscht die übliche Kirchhofsstille, man kommt sich vor wie im Grabe: vom Fenster her zeichnet sich auf der Decke der Reflex der Laterne, die vor dem Gefängnis die ganze Nacht brennt. Von Zeit zu Zeit hört man nur ganz dumpf das ferne Rattern eines vorbeigehenden Eisenbahnzuges oder ganz in der Nähe unter den Fenstern das Räuspern der Schildwache, die in ihren schweren Stiefeln ein paar Schritte langsam macht, um die steifen Beine zu bewegen. Der Sand knirscht so hoffnungslos unter diesen Schritten, dass die ganze Öde und Ausweglosigkeit des Daseins daraus klingt in die feuchte, dunkle Nacht. Da liege ich still allein, gewickelt in diese vielfachen schwarzen Tücher der Finsternis, Langeweile, Unfreiheit des Winters – und dabei klopft mein Herz, von einer unbegreiflichen, unbekannten inneren Freude, wie wenn ich im strahlenden Sonnenschein über eine blühende Wiese gehen würde. Und ich lächle im Dunkeln dem Leben, wie wenn ich irgendein zauberndes Geheimnis wüsste, das alles Böse und Traurige Lügen straft und in lauter Helligkeit und Glück wandelt. Und dabei suche ich selbst nach einem Grund zu dieser Freude, finde nichts und muss wieder lächeln über mich selbst; die tiefe nächtliche Finsternis ist so schön und weich wie Samt, wenn man nur richtig schaut. Und in dem Knirschen des feuchten Sandes unter den langsamen, schweren Schritten der Schildwache singt auch ein kleines schönes Lied vom Leben – wenn man nur richtig zu hören weiß. In solchen Augenblicken denke ich an Sie und möchte Ihnen so gern diesen Zauberschlüssel mitteilen, damit Sie immer und in allen Lagen das Schöne und Freudige des Lebens wahrnehmen, damit Sie auch im Rausch leben und wie über eine bunte Wiese gehen. Ich denke ja nicht daran, Sie mit Asketentum, mit eingebildeten Freuden abzuspeisen. Ich gönne Ihnen alle reellen Sinnesfreuden. Ich möchte Ihnen nur noch dazu meine unerschöpfliche innere Heiterkeit geben, damit ich um Sie ruhig bin, dass Sie in einem sternbestickten Mantel durchs Leben gehen, der Sie vor allem Kleinen, Trivialen und Beängstigenden schützt.

Sie haben im Steglitzer Park einen schönen Strauß aus schwarzen und rosavioletten Beeren gepflückt. Für die schwarzen Beeren kommen in Betracht entweder Holunder – seine Beeren hängen in schweren, dichten Trauben zwischen großen gefiederten Blattwedeln, sicher kennen Sie sie, oder, wahrscheinlicher, Liguster; schlanke, zierliche, aufrechte Rispen von Beeren und schmale, längliche grüne Blättchen. Die rosavioletten, unter kleinen Blättchen versteckten Beeren können die der Zwergmispel sein; sie sind zwar eigentlich rot, aber in der späten Jahreszeit ein bisschen schon überreif und angefault, erscheinen sie oft violettrötlich; die Blättchen sehen der Myrte ähnlich, klein, spitz am Ende, dunkelgrün und lederig oben, unten rau.

[Sonjuscha, kennen Sie Platens »Verhängnisvolle Gabel«? Könnten Sie es mir schicken oder bringen? Karl hat einmal erwähnt, dass er sie zu Hause gelesen hat. Die Gedichte Georges sind schön; jetzt weiß ich, woher der Vers: »Und unterm Rauschen rötlichen Getreides!« stammt, den Sie gewöhnlich hersagten, wenn wir im Felde spazieren gingen. Können Sie mir gelegentlich den neuen »Amadis« abschreiben, ich liebe das Gedicht so sehr – natürlich dank Hugo Wolffs Lied –, habe es aber nicht hier. Lesen Sie weiter die Lessing-Legende? Ich habe wieder zu Langes Geschichte des Materialismus gegriffen, die mich stets anregt und erfrischt. Ich möchte so sehr, dass Sie sie mal lesen.]

Ach, Sonitschka, ich habe hier einen scharfen Schmerz erlebt, auf dem Hof, wo ich spaziere, kommen oft Wagen vom

Militär, voll bepackt mit Säcken oder alten Soldatenröcken und Hemden, oft mit Blutflecken. Die werden hier abgeladen, in den Zellen verteilt, geflickt, dann wieder aufgeladen und ans Militär abgeliefert. Neulich kam so ein Wagen, bespannt statt mit Pferden mit Büffeln. Ich sah die Tiere zum ersten Mal in der Nähe. Sie sind kräftiger und breiter gebaut als unsere Rinder, mit flachen Köpfen und flach abgebogenen Hörnern, die Schädel also unseren Schafen ähnlicher, ganz schwarz mit großen sanften Augen. Sie stammen aus Rumänien, sind Kriegstrophäen. Die Soldaten, die den Wagen führen, erzählen, dass es sehr mühsam war, diese wilden Tiere zu fangen, und noch schwerer, sie, die an die Freiheit gewöhnt waren, zum Lastdienst zu benützen. Sie wurden furchtbar geprügelt, bis dass für sie das Wort gilt »vae victis«[13] … An hundert Stück der Tiere sollen in Breslau allein sein; dazu bekommen sie, die an die üppige rumänische Weide gewöhnt waren, elendes und karges Futter. Sie werden schonungslos ausgenützt, um alle möglichen Lastwagen zu schleppen, und gehen dabei rasch zugrunde. –

Vor einigen Tagen kam also ein Wagen mit Säcken hereingefahren, die Last war so hoch aufgetürmt, dass die Büffel nicht über die Schwelle bei der Toreinfahrt konnten. Der begleitende Soldat, ein brutaler Kerl, fing an, derart auf die Tiere mit dem dicken Ende des Peitschenstieles loszuschlagen, dass die Aufseherin ihn empört zur Rede stellte, ob er denn kein Mitleid mit den Tieren hätte! »Mit uns Menschen hat auch niemand Mitleid«, antwortete er mit bösem Lächeln und hieb noch kräftiger ein … Die Tiere zogen schließlich an und kamen über den Berg, aber eins blutete … Sonitschka, die Büffelhaut ist sprichwörtlich an Dicke und Zähigkeit, und die ward zerrissen. Die Tiere standen dann beim Abladen

13 Wehe den Besiegten.

ganz still erschöpft und eines, das, welches blutete, schaute dabei vor sich hin mit einem Ausdruck in dem schwarzen Gesicht und den sanften schwarzen Augen wie ein verweintes Kind. Es war direkt der Ausdruck eines Kindes, das hart bestraft worden ist und nicht weiß, wofür, weshalb, nicht weiß, wie es der Qual und der rohen Gewalt entgehen soll … ich stand davor und das Tier blickte mich an, mir rannen die Tränen herunter – es waren seine Tränen, man kann um den liebsten Bruder nicht schmerzlicher zucken, als ich in meiner Ohnmacht um dieses stille Leid zuckte. Wie weit, wie unerreichbar, verloren die freien, saftigen, grünen Weiden Rumäniens! Wie anders schien dort die Sonne, blies der Wind, wie anders waren die schönen Laute der Vögel oder das melodische Rufen der Hirten! Und hier – diese fremde schaurige Stadt, der dumpfe Stall, das ekelerregende muffige Heu mit faulem Stroh gemischt, die fremden, furchtbaren Menschen und – die Schläge, das Blut, das aus der frischen Wunde rinnt … O mein armer Büffel, mein armer, geliebter Bruder, wir stehen hier beide so ohnmächtig und stumpf und sind nur eins im Schmerz, in Ohnmacht, in Sehnsucht. Derweil tummelten sich die Gefangenen geschäftig um den Wagen, luden schwere Säcke ab und schleppten sie ins Haus; der Soldat aber steckte beide Hände in die Hosentaschen, spazierte mit großen Schritten über den Hof, lächelte und pfiff einen Gassenhauer. Und der ganze herrliche Krieg zog an mir vorbei …

Sonjuscha, Liebste, seien Sie trotz alledem ruhig und heiter. So ist das Leben und so muss man es nehmen, tapfer, unverzagt und lächelnd – trotz alledem.

Antwort an Rosa Luxemburg von einer Unsentimentalen

Innsbruck, 25. August 1920

Geehrter Herr Kraus,

Zufällig ist mir die letzte Nummer Ihrer »Fackel« *in die Hände gekommen* (ich war bis 4./II. l. J. Abonnentin) u. ich möchte mir gestatten, Ihnen betreffs des von Ihnen so sehr bewunderten Briefes der Rosa Luxemburg einiges zu erwidern, obwohl Ihnen eine Zuschrift aus dem ominösen Innsbruck *vielleicht* nicht sehr willkommen ist. Also: Der Brief ist ja wirklich *recht schön u. rührend* u. ich stimme ganz mit Ihnen überein, dass er sehr wohl als Lesestück in den Schulbüchern für Volks- und Mittelschulen figurieren könnte, wobei man dann im Vorwort lehrreiche Betrachtungen darüber anstellen könnte, wie viel ersprießlicher und erfreulicher das Leben der Luxemburg verlaufen wäre, wenn sie sich statt als Volksaufwieglerin *etwa als Wärterin in einem Zoologischen Garten* od. dgl. betätigt hätte, *in welchem Falle ihr wahrscheinlich auch das »Kittchen« erspart geblieben wäre.* Bei ihren botanischen Kenntnissen u. ihrer Vorliebe für Blumen hätte sie jedenfalls auch *in einer größeren Gärtnerei lohnende u. befriedigende Beschäftigung gefunden* u. hätte dann gewiss keine Bekanntschaft mit Gewehrkolben gemacht.

Was die etwas larmoyante Beschreibung des Büffels anbelangt, so will ich es gern glauben, dass dieselbe ihren Eindruck auf die Tränendrüsen der Kommerzienrätinnen u. der ästhetischen Jünglinge in Berlin, Dresden und Prag nicht verfehlt hat. *Wer jedoch, wie ich, auf einem großen Gute Südungarns aufgewachsen ist, u. diese Tiere, ihr meist schäbiges, oft rissiges Fell u. ihren stets stumpfsinnigen »Gesichtsausdruck« von Jugend auf* kennt, betrachtet die Sache ruhiger. *Die gute*

Luxemburg hat sich von den betreffenden Soldaten *tüchtig anplauschen* lassen (*ähnlich wie s.Z. der sel. Benedikt* mit den Grubenhunden[14]), wobei wahrscheinlich noch Erinnerungen an Lederstrumpf, wilde Büffelherden in den Prärien etc. in ihrer Vorstellung mitgewirkt haben. – Wenn wirklich *unsere Feldgrauen*, abgesehen von den schweren Kämpfen, die sie in Rumänien zu bestehen hatten, noch Zeit, Kraft u. Lust gehabt hätten, wilde Büffel zu Hunderten einzufangen u. dann *stracks* zu Lasttieren zu zähmen, so wäre das aller Bewunderung wert, u. entschieden noch erstaunlicher, als dass die urkräftigen Tiere sich diese Behandlung hätten gefallen lassen.

Nun muss man aber wissen, dass die Büffel in diesen Gegenden seit undenklichen Zeiten *mit Vorliebe* als Lasttiere (sowie auch als Milchkühe) gezüchtet u. verwendet werden. Sie sind *anspruchslos im Futter* u. ungeheuer kräftig, *wenn auch von sehr langsamer Gangart*. Ich glaube daher nicht, *dass der »geliebte Bruder« der Luxemburg besonders erstaunt gewesen sein dürfte*, in Breslau einen Lastwagen ziehn zu müssen u. mit »dem Ende des Peitschenstieles« *eines übers Fell zu bekommen*. Letzteres wird wohl – wenn es nicht gar zu roh ge-

---

14 Im Jahr 1908 gelang es Karl Kraus, die unseriöse Arbeit der Presse, in diesem Falle konkret der *Neuen Freien Presse* unter deren Chefredakteur Moritz Benedikt, dadurch zu entlarven, dass er unter dem Pseudonym »Zivilingenieur Berdach« anlässlich eines Erdbebens einen Leserbrief einsandte, der in pseudowissenschaftlicher Sprache puren Unsinn enthielt. Der Leserbrief wurde vom Blatt abgedruckt, das damit den Ruf seiner Seriosität einbüßte. Kraus fand drei Jahre später einen genialen Nachahmer, der sich – wiederum anlässlich eines Erdbebens – als Bergbauingenieur Dr.-Ing. von Winkler ausgab und in seinem Leserbrief beschrieb, wie bereits geraume Zeit vor dem Beben sein »Grubenhund« gebellt habe. Seither ist der »Grubenhund« ein feststehender Begriff für ähnliche Entlarvungsaktionen.

schieht – bei Zugtieren ab u. zu unerlässlich sein, *da sie bloßen Vernunftgründen gegenüber nicht immer zugänglich sind* –, ebenso wie ich Ihnen als Mutter versichern kann, dass eine *Ohrfeige bei kräftigen Buben* oft *sehr wohltätig* wirkt! Man muss nicht immer das Schlimmste annehmen u. *die Leute (u. die Tiere)* prinzipiell nur bedauern, ohne die näheren Umstände zu kennen. Das kann mehr Böses als Gutes anrichten. – *Die Luxemburg hätte gewiss gerne*, wenn es ihr möglich gewesen wäre, den Büffeln Revolution gepredigt u. ihnen eine Büffel-Republik gegründet, wobei es sehr fraglich ist, ob sie imstande gewesen wäre, ihnen das – von ihr – geträumte Paradies mit »schönen Lauten der Vögel u. melodischen Rufen des Hirten« zu verschaffen u. ob die Büffel auf Letzteres *so besonderes Gewicht legen*. Es gibt eben viele *hysterische Frauen, die sich gern in Alles hineinmischen u. immer Einen gegen den Anderen hetzen möchten*; sie werden, wenn sie Geist und einen guten Stil haben, von der Menge willig gehört u. stiften viel Unheil in der Welt, *sodass man nicht zu sehr erstaunt sein darf*, wenn eine solche, die so oft Gewalt gepredigt hat, auch *ein gewaltsames Ende nimmt*.

Stille Kraft, Arbeit im nächsten Wirkungskreise, ruhige Güte u. Versöhnlichkeit ist, was uns mehr nottut als *Sentimentalität* u. Verhetzung. *Meinen Sie nicht auch?*

Hochachtungsvoll
Frau v. X–Y.

– – – – – – – – – –

Was ich meine, ist: dass es mich sehr wenig interessiert, ob eine Nummer der Fackel »zufällig« oder anderwegen einer derartigen Bestie in die Fänge gekommen ist und ob sie bis 4. II. l. J. Abonnentin war oder es noch ist. Ist sie's gewesen, so weckt es unendliches Bedauern, dass sie's nicht mehr ist, denn wäre sie's noch, so würde sie's am Tage des Empfangs dieses Briefes, also ab 28. VIII. l. J., nicht mehr sein. Weil ja bekanntlich die Fackel nicht wehrlos gegen das Schicksal ist, an solche Adresse zu gelangen. Was ich meine, ist: dass mir die Zuschrift aus dem ominösen Innsbruck insofern ganz willkommen ist, als sie mir das Bild, das ich von der Geistigkeit dieser Stadt empfangen und geboten habe, auch nicht in einem Wesenszug alteriert und im Gegenteil alles ganz so ist, wie es sein soll. Was ich meine, ist, dass neben dem Brief der Rosa Luxemburg, wenn sich die sogenannten Republiken dazu aufraffen könnten, ihn durch ihre Lesebücher den aufwachsenden Generationen zu überliefern, gleich der Brief dieser Megäre abgedruckt werden müsste, um der Jugend nicht allein Ehrfurcht vor der Erhabenheit der menschlichen Natur beizubringen, sondern auch Abscheu vor ihrer Niedrigkeit und an dem handgreiflichsten Beispiel ein Gruseln vor der unausrottbaren Geistesart deutscher Fortpflanzerinnen, die uns das Leben bis zur todsichern Aussicht auf neue Kriege verhunzen wollen und die dem Satan einen Treueid geschworen zu haben scheinen, eben das, was sie anno 1914 aus Heldentodgeilheit nicht verhindert haben, immer wieder geschehen zu lassen. Was ich meine, ist – und da will ich einmal mit dieser entmenschten Brut von Guts- und Blutsbesitzern und deren Anhang, da will ich mit ihnen, weil sie ja nicht Deutsch verstehen und aus meinen »Widersprüchen« auf meine wahre Ansicht nicht schließen können, einmal Deutsch reden, nämlich weil ich den Weltkrieg für eine unmissdeutbare Tatsache halte und die Zeit, die das Menschenleben auf einen Dreckhaufen reduziert hat, für eine unerbittliche Scheidewand – was ich meine, ist: Der Kommunismus als Realität ist nur das Widerspiel ihrer eigenen lebensschänderischen Ideologie, immerhin von Gnaden eines reineren ideellen Ursprungs, ein vertracktes Gegenmittel zum reineren ideellen Zweck – der Teufel hole seine Praxis, aber Gott erhalte ihn uns als konstante Drohung über den Häuptern jener, so da Güter besitzen und alle anderen zu deren Bewahrung und mit dem Trost, dass das Leben der Güter höchstes nicht sei, an die Fronten des Hungers und der vaterländischen Ehre treiben möchten. Gott erhalte ihn uns, damit dieses Gesindel, das schon nicht mehr ein und aus weiß vor Frechheit, nicht noch frecher werde, damit die Gesellschaft der ausschließlich Genussberechtigten, die da glaubt, dass die ihr botmäßige Menschheit genug der Liebe habe, wenn sie von ihnen die Syphilis bekommt, wenigstens doch auch mit einem Alpdruck zu Bette gehe! Damit ihnen wenigstens die Lust vergehe, ihren Opfern Moral zu predigen, und der Humor, über sie Witze zu machen! Zu Betrachtungen, wie viel ersprießlicher und erfreulicher das Leben der Luxemburg verlaufen wäre, wenn sie sich als Wärterin in einem Zoologischen Garten betätigt hätte statt als Bändigerin von Menschenbestien, von denen sie schließlich zerfleischt ward, und ob sie als Gärtnerin edler Blumen, von denen sie allerdings mehr als eine Gutsbesitzerin wusste, lohnendere und befriedigendere Beschäftigung gefunden hätte denn als Gärtnerin menschlichen Unkrauts – zu solchen Betrachtungen wird, solange die Frechheit von der Furcht gezügelt ist, kein Atemzug langen. Auch bestünde die Gefahr, dass etwaiger Spott über das »Kittchen«, in dem eine Märtyrerin sitzt, auf der Stelle damit beantwortet würde, dass man es der Person, die sich solcher Schändlichkeit erdreistet hat, in die Höhe hebt, wenn man nicht eine Ohrfeige vorzöge, die, wie ich Ihnen versichern kann, bei kräftigen Heldenmüttern sehr wohltätig wirkt! Was vollends den Hohn darüber betrifft, dass Rosa Luxemburg »mit Gewehrkolben Bekanntschaft gemacht« hat, so wäre er gewiss mit ein paar Hieben, aber nur mit jenem Peitschenstiel, der Rosa Luxemburgs Büffel getroffen hat, nicht zu teuer bezahlt. Nur keine Sentimentalität! Larmoyante Beschreibungen solcher Prozeduren können wir nicht brauchen, das ist nichts für die Lesebücher. Wer auf einem großen Gut Südungarns aufgewachsen ist, wo das sowieso schon schäbige und rissige Fell der Büffel kein Mitleid mehr aufkommen lässt und ihr stets stumpfsinniger »Gesichtsausdruck« – ein Gesichtsausdruck, der mithin nicht nach der Andacht einer Luxemburg, sondern nach Gänsefüßen, nach den Fußtritten einer Gans verlangt – sich von dem idealen Antlitz der südungarischen Gutsbesitzer unsympathisch abhebt, der weiß, dass man in Ungarn noch ganz andere Prozeduren mit den Geschöpfen Gottes vornimmt, ohne mit der Wimper zu zucken. Und dass die Gutsbesitzerinnen mit den Kommerzienrätinnen darin völlig einig sind, sichs wohl gefallen zu lassen. Ich meine nun freilich, dass man weder für Revolutionstribunale sich begeistern noch mit dem Standpunkt jener Offiziere sympathisieren soll, die sich aus dem Grunde, weil das Letzte, was ihnen geblieben ist, die Ehre ist, dazu hingerissen fühlen, ihre Nebenmenschen zu kastrieren. Aber so ungerecht bin ich doch, dass ich zum Beispiel Damen, die noch heute »unsere Feldgrauen« sagen, verurteilen würde, den Abort einer Kaserne zu putzen und hierauf »stracks« den Adel abzulegen, von dem sie sich noch immer, und wär's auch nur in anonymen Besudelungen einer Toten, nicht trennen können. Allerdings meine ich auch, dass unsere Feldgrauen, abgesehen von den schweren Kämpfen, die sie in Rumänien zu bestehen hatten, und zwar nur deshalb, weil die Lesebücher bis 1914 noch nicht vom Geist der guten Rosa Luxemburg, sondern von dem der Gutsbesitzerinnen inspiriert waren, faktisch auch Zeit, Kraft und Lust gehabt haben, Büffel zu stehlen und zu zähmen, und ferner, dass, solange die Bewunderung deutscher und südungarischer Walküren für die militärische Büffeldressur vorhält, auch die Menschheit nicht davor bewahrt sein wird, mit Vorliebe zu Lasttieren abgerichtet zu werden. Was ich aber außerdem noch meine – da ja nun einmal meine Meinung und nicht bloß mein Wort gehört werden will –, ist: dass, wenn das Wort der guten Rosa Luxemburg nicht von der geringsten Tatsächlichkeit beglaubigt wäre und längst kein Tier Gottes mehr auf einer grünen Weide, sondern alles schon im Dienste des Kaufmanns, sie doch vor Gott wahrer gesprochen hätte als solch eine Gutsbesitzerin, die am Tier die Anspruchslosigkeit im Futter rühmt und nur die langsame Gangart beklagt, und dass die Menschlichkeit, die das Tier als den geliebten Bruder anschaut, doch wertvoller ist als die Bestialität, die solches belustigend findet und mit der Vorstellung scherzt, dass ein Büffel »nicht besonders erstaunt« ist, in Breslau einen Lastwagen ziehen zu müssen und mit dem Ende eines Peitschenstieles »Eines übers Fell zu bekommen«. Denn es ist jene ekelhafte Gewitztheit, die die Herren der Schöpfung und deren Damen »von Jugend auf« Bescheid wissen lässt, dass im Tier nichts los ist, dass es in demselben Maße gefühllos ist wie sein Besitzer einfach aus dem Grund, weil es nicht mit der gleichen Portion Hochmut begabt wurde und zudem nicht fähig ist, in dem Kauderwelsch, über welches jener verfügt, seine Leiden preiszugeben. Weil es vor dieser Sorte aber den Vorzug hat, »bloßen Vernunftgründen gegenüber nicht immer zugänglich« zu sein, erscheint ihr der Peitschenstiel »wohl ab und zu unerlässlich«. Wahrlich, sie verwendet ihn bloß aus dumpfer Wut gegen ein unsicheres Schicksal, das ihr selbst ihn irgendwie vorzubehalten scheint!

Sie ohrfeigen auch ihre Kinder nur, deren Kraft sie an der eigenen Kraft messen, oder lassen sie von sexuell disponierten Kandidaten der Theologie nur darum mit Vorliebe martern, weil sie vom Leben oder vom Himmel irgendwas zu befürchten haben. Dabei haben die Kinder doch den Vorteil, dass sie die Schmach, von solchen Eltern geboren zu sein, durch den Entschluss, bessere zu werden, tilgen oder andernfalls sich dafür an den eigenen Kindern rächen können. Den Tieren jedoch, die nur durch Gewalt oder Betrug in die Leibeigenschaft des Menschen gelangen, ist es in dessen Rat bestimmt, sich von ihm entehren zu lassen, bevor sie von ihm gefressen werden. Er beschimpft das Tier, indem er seinesgleichen mit dem Namen des Tieres beschimpft, ja die Kreatur selbst ist ihm nur ein Schimpfwort. Über nichts mehr ist er erstaunt, und dem Tier, das es noch nicht verlernt hat, erlaubt er es nicht. Das Tier darf so wenig erstaunt sein über die Schmach, die er ihm antut, wie er selbst; und wie nur ein Büffel nicht über Breslau staunen soll, so wenig staunt der Gutsbesitzer, wenn der Mensch ein gewaltsames Ende nimmt. Denn wo die Welt für ihre Ordnung in Trümmer geht, da finden sie alles in Ordnung. Was will die gute Luxemburg? Natürlich, sie, die kein Gut besaß außer ihrem Herzen, die einen Büffel als Bruder betrachten wollte, hätte gewiss gern, wenn es ihr möglich gewesen wäre, den Büffeln Revolution gepredigt, ihnen eine Büffel-Republik gegründet, womöglich mit schönen Lauten der Vögel und dem melodischen Rufen der Hirten, wobei es fraglich ist, »ob die Büffel auf Letzteres so besonderes Gewicht legen«, da sie es selbstverständlich vorziehen, dass nur auf sie selbst Gewicht gelegt wird. Leider wäre es ihnen absolut nicht gelungen, weil es eben auf Erden ja doch weit mehr Büffel gibt als Büffel! Dass sie es am liebsten versucht hätte, beweist eben nur, dass sie zu den vielen hysterischen Frauen gehört hat, die sich gern in alles hineinmischen und immer einen gegen den anderen hetzen möchten. Was ich nun meine, ist, dass in den Kreisen der Gutsbesitzerinnen dieses klinische Bild sich oft so deutlich vom Hintergrund aller Haus- und Feldtätigkeit abhebt, dass man versucht wäre zu glauben, es seien die geborenen Revolutionärinnen. Bei näherem Zusehn würde man jedoch erkennen, dass es nur dumme Gänse sind. Womit man aber wieder in den verbrecherischen Hochmut der Menschenrasse verfiele, die alle ihre Mängel und üblen Eigenschaften mit Vorliebe den wehrlosen Tieren zuschiebt, während es zum Bespiel noch nie einem Ochsen, der in Innsbruck lebt, oder einer Gans, die auf einem großen südungarischen Gut aufgewachsen ist, eingefallen ist, einander einen Innsbrucker oder eine südungarische Gutsbesitzerin zu schelten. Auch würden sie nie, wenn sie sich schon vermäßen, über Geistiges zu urteilen, es beim »guten Stil« anpacken und gönnerisch eine Eigenschaft anerkennen, die ihnen selbst in so auffallendem Maße abgeht. Sie hätten – wiewohl sie bloßen Vernunftgründen »gegenüber« nicht immer zugänglich sind – zu viel Takt, einen schlecht geschriebenen Brief abzuschicken, und zu viel Scham, ihn zu schreiben. Keine Gans hat eine so schlechte Feder, dass sie's vermöchte! Meinen Sie nicht auch? Sie ist intelligent, von Natur gutmütig und mag von ihrer Besitzerin gegessen, aber nicht mit ihr verwechselt sein. Was nun wieder diese Kreatur vor jener voraus hat, ist, dass sie sichs im Ernstfall, wenn's ihr selbst an den Kragen gehen könnte, beim Himmel mit dem Katechismus zu richten versteht und dass sie dazu noch die Güte für sich selbst hat, einen zu ermahnen, man müsse »nicht immer das Schlimmste annehmen und die Leute (u. die Tiere) prinzipiell nur bedauern, ohne die näheren Umstände zu kennen; das kann mehr Böses als Gutes anrichten«. Böses vor allem für die prädestinierten Besitzer von Leuten (u. Tieren), deren Verfügungsrecht einer göttlichen Satzung entspricht, die nur

Aufwiegler und landfremde Elemente wie zum Beispiel jener Jesus Christus antasten wollen, die aber in Geltung bleibt, da das Streben nach irdischen Gütern Gottseidank älter ist als das christliche Gebot und dieses überleben wird. So meine ich!

(Karl Kraus, Widerschein der Fackel, München 1956, 274–285)

Gedanken

Wer innerlich reich und frei ist, kann sich doch jederzeit natürlich geben und von seiner Leidenschaft mit fortreißen lassen, ohne sich untreu zu werden.

(30. März 1917 aus der Festung Wronke an Hans Diefenbach, GB 5, 196)

Ich möchte alle Leiden,
alle verborgenen, bitteren Tränen
den Satten auf ihr Gewissen laden …

(Rosa Luxemburg als Schülerin, zitiert nach: Laschitza 1996, 26)

Mein Ideal ist eine solche Gesellschaftsordnung, in der es mir vergönnt sein wird, alle zu lieben.

(zitiert nach Laschitza 1996, 29)

In der bürgerlichen Gesellschaft ist der Sozialdemokratie dem Wesen nach die Rolle einer *oppositionellen Partei* vorgezeichnet, als *regierende* darf sie nur auf den Trümmern des bürgerlichen Staates auftreten.

(GW I/1, 486)

Fehltritte, die eine wirklich revolutionäre Arbeiterbewegung begeht, sind geschichtlich unermesslich fruchtbarer und wertvoller als die Unfehlbarkeit des allerbesten »Zentralkomitees«.

(s. weiter oben, S. 121)

Und nichts ist revolutionärer, als zu erkennen und auszusprechen, was ist.

(GW I/2, 446)

Die bisherigen Revolutionen, namentlich die von 1848, haben bewiesen, dass man in revolutionären Situationen nicht die Massen im Zügel halten muss, sondern die parlamentarischen Rechtsanwälte, damit sie die Massen und die Revolution nicht verraten …

(GW I/2, 600)

… das ist eine so ganz andere Welt, in der die Nerven sich straff spannen, der Lebenspuls wird stark, man fühlt, dass man lebt und nicht vegetiert, und ich hasse so das Vegetieren, dass ich mich dagegen […] jeden Augenblick auflehne.

(17. Mai 1907 aus London an Kostja Zetkin, GB 2, 292)

In irgendeinem sibirischen Dorf spürt man mehr Menschentum als in der deutschen Sozialdemokratie.

(30. November 1910 aus Friedenau an Kostja Zetkin, GB 2, 268)

Man soll sich noch die Kehle heiser reden, damit möglichst viele Teppe in den Reichstag hineinkommen und dort den Sozialismus zum Hohn machen.

(22. November 1911 aus Berlin-Südende an Kostja Zetkin, GB 4, 127)

… unser herrschender »Marxismus« fürchtet leider jeden Gedankenluftzug wie ein alter Gichtonkel …

(10. Februar 1913 aus Berlin-Südende an Franz Mehring, GB 4, 264)

Mensch sein ist vor allem die Hauptsache. Und das heißt: fest und klar und *heiter* sein, ja, heiter trotz alledem und alledem, denn das Heulen ist Geschäft der Schwäche. Mensch sein heißt sein ganzes Leben »auf des Schicksals große Waage« freudig hinwerfen, wenn's sein muss, sich zugleich aber an jedem hellen Tag und jeder schönen Wolke freuen …

(s. oben, S. 150)

Nur Geduld müssen wir alle haben. In der stillen, tödlichen Periode, die vor dem Ausbruch des Krieges war, war Ungeduld die höchste Tugend. Heute müssen wir mit der Geschichte Geduld haben – ich meine nicht untätige, bequeme, fatalistische Geduld, ich meine eine solche, die bei höchster Aufbietung der Tatkraft nicht verzagt, wenn sie vorläufig auf Granit zu beißen scheint, und nie vergisst, dass der brave Maulwurf Geschichte rastlos Tag und Nacht wühlt, bis er sich ans Licht hervorgewühlt hat.

(Anfang März aus der Festung Wronke an Marta Rosenbaum, GB 5, 182–183)

Gut sein ist Hauptsache! Einfach und schlicht *gut* sein, das löst und bindet alles und ist besser als alle Klugheit und Rechthaberei.

(5. März 1917 aus der Festung Wronke an Hans Diefenbach, GB 5, 183)

Die Verworrenheit der Dinge scheint noch erst die unwahrscheinlichsten Gipfel erklimmen zu wollen, ehe die menschliche Vernunft zu walten beginnt. Aber schließlich muss sie doch einmal ihre Herrschaft antreten.

(12. September 1918 aus Breslau an Sophie Liebknecht, GB 5, 409)

ultra posse nemo obligatur[15] – mehr, als man kann, tut man nicht, und im Übrigen lacht man sich eins in den Bart.

(10. April 1916 aus Berlin-Südende an Clara Zetkin, GB 5, 114)

Lieber junger Freund, ich versichere Sie, dass ich auch dann nicht fliehen würde, wenn mir der Galgen drohte, und zwar aus dem einfachen Grunde, weil ich für durchaus notwendig halte, unsere Partei daran zu gewöhnen, dass Opfer zum Handwerk des Sozialisten gehören und eine Selbstverständlichkeit sind. Sie haben recht: »Es lebe der Kampf!«

(11. März 1914 aus Berlin-Südende an Walter Stoecker, GB 4, 339)

---

15 Über das Können hinaus wird niemand zu etwas verpflichtet.

Wie die ganze Weltanschauung Marxens ist sein Hauptwerk keine Bibel, mit fertigen ein für allemal gültigen Wahrheiten letzter Instanz, sondern ein unerschöpflicher Born der Anregung zur weiteren geistigen Arbeit, zum weiteren Forschen und Kämpfen um die Wahrheit.

(Rosa Luxemburg in: Mehring 2001, 355)

Freiheit nur für die Anhänger der Regierung, nur für Mitglieder einer Partei – mögen sie noch so zahlreich sein – *ist keine Freiheit.* Freiheit ist immer nur Freiheit des anders Denkenden. Nicht wegen des Fanatismus der »Gerechtigkeit«, sondern weil all das Belehrende, Heilsame und Reinigende der politischen Freiheit an diesem Wesen hängt und seine Wirkung versagt, wenn die »Freiheit« zum Privilegium wird.

(s. oben, S. 127 f.)

»Hier ist heute die Welt«

Paul Levis Totenrede für Rosa Luxemburg

Liebe Genossinnen und Genossen!
Nach fünf Monaten bringen wir hier zur Erde, was von Rosa Luxemburg zur Erde gehört. Fünf Monate treibt der Körper auf der Welt umher, gehasst noch im Tode, geschändet noch im Tode, verflucht noch im Tode von denen, die sie gemordet haben.

Aber der tote Körper steht auf, und auf steht mit ihm der Fluch, der dreifache Fluch für die, die das getan haben. Der Fluch, nicht nur für die, die vorgeschoben sind, nicht für die Henker, der dreifache Fluch gilt denen, die den Mord veranlasst haben und heute noch in den Ministersesseln sitzen. Der dreifache Fluch gilt denen, die nach der Schande eines Krieges von fünf Jahren noch eine tausendfach größere Schande verübt haben.

Der tote Leib steht auf und richtet über die, die das getan haben. Der tote Leib, er wird zum Rächer werden, denn er wird aufrufen die Geister, die das Werk der Rache vollziehen werden.

Sie haben den Leib getötet, aber der Geist ist nicht tot geworden!

Der Geist ist nicht tot geworden mit denen, die neben Rosa Luxemburg erschlagen wurden. Er ist nicht tot geworden mit dem Morde von Karl Liebknecht, mit dem Tod des Leo Jogiches. Der Geist ist nicht gemordet worden durch die Schüsse, die heute noch herüberhallen aus München.[16] Der Geist ist nicht tot geworden mit Leviné[17], der Geist wird nicht sterben, wenn wir alle im Grabe liegen werden. Der Geist, er lebt, er lebt heute mehr denn je.

Liebe Genossen und Genossinnen!

Denken Sie an Deutschland nur, denken Sie an dieses Deutschland, in dem die Gegenrevolution heute triumphiert. In diesem Deutschland haben sie die Revolution erschlagen. Denken Sie daran, was in diesem Lande die Proletarier gelernt haben in den letzten fünf Monaten. Wie sie trotz materieller Schwäche groß und stark geworden sind im Geiste. Denken Sie daran, wie das deutsche Proletariat heute dasteht, geschlossener und aufrechter denn je. Wenn es so gestanden hätte im Januar, die Tote würde heute noch leben.

Ihr Geist ist lebendig geworden allerorten. Drüben aus dem Westen kommt ein dumpfer Schall, die Tiefen rühren sich, man spürt den Vulkan, der heute oder morgen kann ausbrechen.

Es ist der Geist Rosa Luxemburgs, des besten Kopfes der Internationale, der dort umgeht. Und so sage ich euch, liebe Genossen und Genossinnen, eine Beerdigung, eine Leichenfeier, so wie diese hat die Welt noch nicht gesehen. Überall, wo proletarische Herzen schlagen, da ruhen heute die Hände. Es ruhet eine halbe Welt, diese Tote zu ehren. Im gewaltigen Russland und in Ungarn feiern heute unsere Brüder um dieser Toten willen. Und wir wissen, in Frankreich und Italien

16 Gemeint ist die blutige Niederschlagung der Münchener Räterepublik am 2. Mai 1919 und die Ermordung Kurt Eisners.

17 Eugen Leviné (1883–1919), KPD-Politiker und Revolutionär, prägende Gestalt der Münchener Räterepublik.

und in England mögen die Proletarier heute so weit sein, dass sie die Arbeit ruhen lassen, oder mögen sie es nicht sein, heute sind ihre Gedanken hier an diesem stillen Ort.

Hier ist heute die Welt!

Liebe Genossen und Genossinnen!

Von diesem Orte aus wird gehen die Erneuerung der Welt. Die Gedanken Rosa Luxemburgs werden lebendig und stark werden, und wenn einst der Tag kommen wird, wo die Völker ihr Heil im Kommunismus erkennen, mögen wir noch hier stehen oder mögen wir drunten liegen, die Völker werden wallfahren nach diesem Ort, und die Väter werden ihren Kindern sagen, tuet eure Schuhe aus, denn der Ort, auf dem ihr stehet, ist heiliger Boden.

Die Völker, die sich geschändet und besudelt haben, werden dann wieder Menschenantlitz gewinnen, und das erste Lächeln wird Rosa Luxemburg gelten.

So wird ihr Geist nicht ruhen. Er wird schaffen und zeugen, er wird der Welt leuchten wie eine Feuersäule durch die Nacht.

Liebe Genossen und Genossinnen!

Wir können heute an diesem Grabe nicht kundtun das, was menschlich uns bewegt, wir können nicht an diesem Grabe kundtun all das, was wir kundtun möchten, was wir an persönlicher Liebe, an Treue und Anhänglichkeit dieser Toten zu geben haben, denn Rosa Luxemburg, sie starb als die Kämpferin.

So können wir heute nicht Abschied nehmen, so wie es uns um das Herz ist, wir klagen nicht, wir zagen nicht.

Nicht mit gedämpftem Trommelschall können wir die Tote zur Erde betten. Wie über dem Reitergrab als letzter Gruß der Klang der Retraite erklingt, so müssen wir der Toten heute zurufen den Gruß, von dem wir wissen, Millionen und Abermillionen auf der weiten Welt werden ihn aufnehmen.

Wir senden heute dieser Toten als letzten Gruß den Gruß der proletarischen Welt, den Gruß der Internationale, den Gruß vom Leben, den Ruf: »Es lebe die Weltrevolution!«

Literatur

Texte Luxemburgs

Luxemburg, Rosa, Gesammelte Briefe. Hg. von Annelies Laschitza, Bde. 1–6, Berlin 1982–1993 (zitiert als GB mit Band- und Seitenzahl).

Luxemburg, Rosa, Gesammelte Werke. Hg. von Eckhard Müller und Annelies Laschitza, Bd. 1–7, Berlin 1970–2017 (zitiert als GW mit Band- und Seitenzahl).

Sekundärliteratur

Ebert, Theodor, Soziale Verteidigung, 2 Bde., Waldkirch 1981.

Hirsch, Helmut, Rosa Luxemburg. In Zeugnissen und Bilddokumenten (rowohlts monographien), Reinbek 1969.

Honneth, Axel, Die Idee des Sozialismus. Versuch einer Aktualisierung, Frankfurt a. M. 2015.

Jens, Walter, Die Friedensfrau, Leipzig 1989.

Jünger, Ernst, Sturm (Sämtliche Werke, 15), Stuttgart 1978.

Kern, Bruno, Die bedeutendsten Grabreden, Wiesbaden 2010.

Kraus, Karl, Widerschein der Fackel, München 1956.

Kurz, Robert, Schwarzbuch Kapitalismus. Ein Abgesang an die Marktwirtschaft, Frankfurt a. M. 1999.

Laschitza, Annelies, Im Lebensrausch, trotz alledem. Rosa Luxemburg. Eine Biographie, Berlin 1996.

Marx, Karl, Texte – Schriften. Ausgewählt, eingeleitet und kommentiert von Bruno Kern, Wiesbaden 2015 (zitiert als TS mit entsprechender Seitenzahl).

Marx, Karl / Engels, Friedrich, Werke (hrsg. vom Institut für Marxismus-Leninismus beim ZK der SED, Bde. 1–40). Berlin 1956 ff (zitiert als »MEW« mit entsprechender Band- und Seitenzahl).

Mehring, Franz, Karl Marx. Geschichte seines Lebens, Essen 2001.

Miguez-Bonino, José, Theologie im Kontext der Befreiung, Göttingen 1977.

Zumach, Andreas, Die kommenden Kriege. Ressourcen, Menschenrechte, Machtgewinn – Präventivkrieg als Dauerzustand?, Köln [2]2005.

5. Auflage 2026

Verlagshaus Römerweg GmbH | Römerweg 10 | D-65187 Wiesbaden
+49 611 986 98 0 | info@verlagshausroemerweg.de
Lektorat: Anna Schloss, Wiesbaden
Umschlaggestaltung: Anja Carrà, Weimar & Karina Bertagnolli, Wiesbaden
Bildnachweis: © Pixel embargo – stock.adobe.com
Satz und Bearbeitung: Anja Carrà (Weimar) nach einer Vorlage vom SATZstudio Josef Pieper (Bedburg-Hau)
Der Titel wurde in der Minion Pro gesetzt.
Druck und Bindung: GGP Media GmbH, Pößneck – Germany

ISBN: 978-3-7374-1090-8

Mehr über Ideen, Autoren und Programm des Verlags finden Sie auf www.verlagshausroemerweg.de und in Ihrer Buchhandlung.